企业长青

企业永续经营哲学

［日］中泽康彦 著
范丹 译

あの同族企業は
なぜすごい

北京时代华文书局

图书在版编目（CIP）数据

家业长青：家族企业永续经营哲学 /（日）中泽康彦著；范丹译. — 北京：北京时代华文书局，2021.10
ISBN 978-7-5699-4386-3

Ⅰ. ①家… Ⅱ. ①中… ②范… Ⅲ. ①家族－私营企业－企业管理－研究 Ⅳ. ①F276.5

中国版本图书馆 CIP 数据核字（2021）第 175843 号

北京市版权局著作权合同登记号　图字：01-2018-8155 号
ANODOUZOKUKIGYOU WA NAZE SUGOI
Copyright © NIKKEI INC., 2017.
All rights reserved.
No reproduction without permission.
Original Japanese edition published by NIKKEI PUBLISHING INC.
(renamed NIKKEI BUSINESS PUBLICATIONS, INC.from April 1, 2020), Tokyo.
Chinese (in simple character only) translation rights arranged with
NIKKEI PUBLISHING INC., Japan through Bardon-Chinese Media Agency, Taipei.

家业长青：家族企业永续经营哲学
JIAYE CHANGQING JIAZU QIYE YONGXU JINGYING ZHEXUE

著　　者｜［日］中泽康彦
译　　者｜范　丹

出 版 人｜陈　涛
责任编辑｜周　磊
执行编辑｜余荣才
责任校对｜凤宝莲
装帧设计｜迟　稳　王艾迪
责任印制｜訾　敬

出版发行｜北京时代华文书局　http://www.bjsdsj.com.cn
　　　　　北京市东城区安定门外大街 138 号皇城国际大厦 A 座 8 楼
　　　　　邮编：100011　电话：010-64267955　64267677

印　　刷｜三河市嘉科万达彩色印刷有限公司　0316-3156777
　　　　　（如发现印装质量问题，请与印刷厂联系调换）

开　　本｜880mm×1230mm　1/32　印　张｜6.5　字　数｜145 千字
版　　次｜2021 年 10 月第 1 版　　　　印　次｜2021 年 10 月第 1 次印刷
书　　号｜ISBN 978-7-5699-4386-3
定　　价｜45.00 元

版权所有，侵权必究

前言

家族经营往往会因各种原因备受世人关注。出光兴产公司曾因合并而导致创业者与经营层对立,大塚家具公司也在某段时间内陷入父女经营权之争——最终两人分道扬镳。2016年,7-1(SEVEN & I HOLDINGS)控股公司因人事问题产生了冲突,最终以创业者获胜而告终。这类事例不胜枚举。此外,随着由继任者问题造成企业破产的"大失业时代"的到来,其沉重的脚步声让多数家族企业都不得不直面这种危机。

谈及家族经营时,最为人熟知的是大部分中小企业都是从家族事业起步的。其实,上市公司在股份占比和经营层构成等方面也大多带有浓厚的家族色彩。即使放眼海外,家族企业也占据了不容忽视的位置。

它们作为经济的主角之一，其实际情况并不为人知。

报纸、杂志大多从两个角度来描述它。其一是，当有"事件"围绕家族及其事业发生时，立刻将管理失败的原因定性为"家族经营果然不行"，以否定的态度去看待它。具体而言，比如说，将子承父业称作"沼泽的对立"，将兄弟间的纠纷称作"骨肉之争"，并断言家族企业通常具有"将企业私有化的倾向"，认为由无能的继任者导致的经营恶化是"蠢儿子问题"，等等。这时，往往还伴随着"企业形态老化"的看法。其二是，将一部分历史悠久的家族企业视作老字号，认为是"值得学习的商业模式"。日本创业超100年、200年的"长寿企业"数量居世界第一，经营学领域也早已开始对老字号企业做深入研究，将悠久的企业历史视作正面因素。

但占据经济大半边天的家族企业其实大多并不属于这两者之一。即使家族与事业之间有着各种纠葛与问题，但本质也只是企业罢了。长寿企业在世界范围内不胜枚举，家族企业只占其中一部分，但不知为何主流印象认为它占大半比例。那么现实情况究竟如何呢——这就是本书主题的出发点。

本书内容主要分为两部分：一是"家族企业经营者所讲述的真实的家族与事业"（1~5章），二是"通过最新的学院研究成果来分析家族经营"（6~8章）。既然家族与事业重合，那么，显然有些部分只有当事人才清楚，因此必须倾听经营者最直接的声音。另一方面，由于目前对于家族经营大多是基于印象的分析，那么以基于实际状态的数据和理论作为依据也是必不可少的。这一领域从2000年之后就成为经营学的主题之一，在世界范围内被广泛研究。

当然，要了解真实情况就必须了解事物的两面，但采访过程中不少经营者都表示"这方面的案例不方便谈"，拒绝透露内情。笔者虽然也感受到了该主题的难度，但值得庆幸的是，依旧有一部分经营者愿意谈及自己对这一主旨的理解和经验。在此，对他们表示衷心感谢。另外，本书涉及的各种调查数据，有的是走在学院派尖端的研究者的个人成果，有的则是即将公开的内容，对此也表示感谢。

本书的出发点本来是基于"事实真是如此吗"的问题意识，但随着取材的深入，笔者发现家族企业的确有不同于非家族企业的行为哲学。尤其是在直面世代交替等转折点或经营环境变化的风险时，家族企业与非家族企业所做出的经营判断有明显的不同，能利用家族经营行为哲学的企业往往具有一定优势。为了加深理解，本书也加入了非家族经营的案例和基于民俗学的方法等。

本书由2015~2017年日本经济新闻电子版连载的《新·家族经营》专栏的部分内容整理加工而成。在此对以小板桥太郎商业总编为首的各位电子版负责人和负责本书的日本经济新闻出版社的野崎刚先生致谢。

如果将商业世界比喻为海洋的话，那么既有重视股东的鱼

（企业），也有以其他原理为行为准则的鱼（企业）。家族经营的鱼（企业）也凭借其独特的行为哲学在这片大海中遨游。商业大海的多样性不仅展现了"企业"所积累的历史厚度，对于了解家族经营和进一步了解商业也有重要意义。既然大半企业都属于家族企业，那么与其从"好坏"或"新旧"的角度去看待它，不如先认识其本质。怀着这样的想法，笔者今后也将继续深入探究该领域。

目 录　　　　　　　　　　　　　　　　CONTENTS

第一章　家族经营竞争激烈
——家族矛盾也是企业成长的原动力

星野度假村——"这也是继承家族事业的正确方法" / 003

"獭祭"的光与影——最终未能彼此理解的父子 / 007

家族矛盾导致企业内部分裂——快乐饮料公司女继承人面临的考验 / 013

"大哥再见"——分割后收益率提高3成的上市公司 / 018

第二章　世代交替是把双刃剑
——它是通往消灭下一次成长机遇的道路吗？

日本高田公司儿子继任"并非世袭制" / 033

袜屋公司董事长谈及子承父业的关键 / 037

让丰田汽车公司总经理产生共鸣的年轮经营，是以"家族意识"为基础 / 043

将10亿日元私人财产和有30年历史的酿酒厂转为生物技术企业的信念 / 047

I

第三章　个人梦想与家族之情
——继承人举步维艰的时代与继承家业的哲学

闹市区（DownTown）组合原经纪人——从娱乐艺人到家族事业 / 055

原本是宝塚艺人的女继承人，被指责为"玛丽亚·安东尼特式思维" / 062

长时间的后悔——街道工厂的热血第三代依靠中学课本复活 / 070

稻田家居用品公司总经理的独子前往中国 / 075

梦想成为摇滚明星的第三代，继承家业后销售额翻4倍 / 080

从大型企业进入家族中小企业——继承的三个成长战略 / 087

将高达运用于经营中的街道工厂总经理——由于父亲突然逝世，从主妇华丽变身 / 092

第四章　今后的老字号管理
——仅靠沿袭老路无法继续生存的时代

与留学时所学知识截然不同的京都式做法——老字号独生女所寻求的平衡 / 099

第十三代总经理实现4倍成长——300年企业的决断力 / 105

畅销品是售价50万日元的水壶——第七代让老字号重生 / 111

创业100年的IT企业——从街道工厂彻底变身 / 116

第五章　脱离家族的选择
——追求"前方"的可能性

YKK——脱离家族事业、不上市的理由 / 123

离开家族企业再创业，在东京证交所1部上市，最后干脆地抽身而退 / 128

曾一度结束家业——超级酒店董事长的商道 / 134

破产之后，林原公司原总经理谈论兄弟的"自立与羁绊" / 140

第六章　不为人知的"另一个主角"
——扎根于日本经济的家族经营

调查"家族"占5成以上的3600家上市公司 / 145

上市的628家企业中，家族占有三分之一以上股份 / 148

少数股东的家族总经理——两种正确性的表现方法 / 151

令世界瞩目的入赘女婿的优良经营 / 154

最新调查表明，家族企业"既攻且守" / 157

墨守成规的家族企业在面临改变时…… / 159

第七章　用大数据初次验证"家族经营的机制"

"创业者并不一定都杰出" / 163
对18万家企业的调查表明：这样的创业者才能带领企业发展 / 166
各种对立的另一面是家族企业偏爱内部成长 / 171
家族企业所选择的交易对象仍是家族企业 / 173

第八章　以理论来解决家族企业带来的问题

家族企业为什么会出现"泥沼般的对立"？ / 177
老字号研究的最前线：关注现在而非过去 / 181
家族事业学会——为什么会出现家族企业控制问题？ / 185
7成继承人都体会过"修罗场"，继任者举步维艰 / 187
京都制造的事业继承——"母亲"与"妻子"是背后的核心人物 / 189
MBA的龙头——凯洛格商学院致力于家族事业的理由 / 191
日本与德国，对家族企业的理解截然不同 / 195

第一章

Chapter 01

家族经营竞争激烈

——家族矛盾也是企业成长的原动力

星野度假村——"这也是继承家族事业的正确方法"

"当家族企业直面经营挑战时,通常会伤害父子关系。在这23年间,我作为经营者挑战父亲的权威,父亲也会对我作为继承人的优劣做出评价,直至今日也未能恢复本来的父子关系。"

"从父亲的手上继承事业,其过程其实并不顺利。稚嫩的我经常对父亲的经营方针表示强烈反对,有段时间甚至上演了父子间的权力争斗。"

以上是度假村经营公司——星野度假村的法人代表星野佳路为纪念于2013年3月逝世的父亲星野嘉助而写下的两段文字,收录于同年4月在旅馆创业地长野县轻井泽町举办的"告别会"上分发的小册子《第四代星野嘉助于轻井泽》中。星野佳路是创立近100年的星野度假村的第四代继承人。他在就任公司总经理时与前任总经理,即自己的父亲有过激烈的斗争。时过境迁,他却以平静的笔调阐述了在家族企业中子承父业时特有的艰辛。

❖ 与父亲争夺经营权的日子

自从祖父将星野佳路公开称作"我的继承人"并以此为目标进行培养之后，星野佳路自然形成了"我总有一天会继承家业"的想法。大学毕业后，他前往海外留学，经过一段时间的历练于1988年进入星野温泉旅馆任职。他父亲所贯彻的是在家族企业中常见的着眼长远的稳健经营，即使在泡沫经济时期也极少贷款；但企业内部家族出身的员工皆属于"特权阶级"，他们擅自拿走旅馆内的物品，还让公司代缴如自家电费等各种费用。这样公私不分的行为屡见不鲜。显然，"虽然这种行为并没有多大恶意，但其经营本身已经过时了"。这样的经营方式难以吸引优秀的人才，也无法提高公司内部员工的积极性，要让企业生存下去就必须采用顺应时代的经营方式，星野家族企业的改革也势在必行——怀着这种想法的星野佳路对父亲提出了要进行经营改革的想法。当时，担任总经理的父亲虽然赞成他的总体意见，但是在各个小论点上都与他发生了分歧。

两人为此在公司内多次发生激烈争论，以至于破坏了正常的父子关系。

最终，父亲获得了压倒性优势，公司未做出任何改变。对星野佳路抱有期待的员工也在失望之下认为"你也不过是特权阶级的一员罢了"。星野佳路心灰意冷，觉得"既然公司不打算改革，那我留在这里也毫无意义"，便辞职去别的公司工作了。

星野佳路能重回父亲的公司的契机是，当面对经营环境变化时，部分家族成员因担忧家族企业的前途而向他发出呼吁："希望你回来。"此时，星野佳路发觉父亲的家族企业存在变革的可能性，并且他痛切地感到，要实现自己改革家族企业的意愿，就必须改变董事会成员结构，让超过半数的股东支持自己。于是，他做了周全的准备，最终以4比3的微弱优势取得了董事会的授权。回归之后，他于1991年取代了父亲担任总经理，以硬着陆的方式实现了对家族企业的继承。

在继承家族事业的过程中，出现父子对立的现象并不罕见，比如在股东大会上围绕经营权展开争夺战。一般人往往认为，"对立"是个贬义词，但星野佳路并不这么想。他以自身经验说了这样一番话："我并不认为继承人应该压抑自己，以求'减少争执'。毫无波折的软着陆式事业继承固然理想，但硬着陆也是家族事业继承的正确方式之一。虽然这会让继承人不得不面对风险和风浪，但只要能让经营彻底回春，就不必接受妥协的战略，而应当贯彻新的经营方针。星野度假村也是我在与父亲的争执中摸索出未来的发展方向后才走到今天的。"

担任总经理之后的星野佳路让同样立志推行改革、与他理念一致的弟弟星野究道加入了管理层，致力于消除"特权阶级"和公私不分的现象，同时努力提高员工的积极性，增加企业收益。当初，星野佳路曾对在轻井泽构筑了稳固事业基石的父亲说过"我要从最初的理念开始超越你"，而如今为了应对外资企业进驻所带来的业界结构变化，他已经将事业拓展到了日本各地。现在，星野旗下共有36家度假村，父亲时代的年销售额仅为20亿日元，而他执掌企业以来，年销售额已达460亿日元，增长至父亲时代的23倍。

❖ 父亲的"最后的工作"

父亲在总经理权力交接的董事会上很干脆地表示从此退出经营一线。他应该早已发现，经过对立后移交经营权可能会导致"企业整体崩溃"，但他并未让这一情况发生。

星野佳路认为："父亲做出这一决定并不是他个人真实的想法，他可能颇感愤怒，但他依旧这么做是为什么呢？"从父亲的举动中，星野佳路感受到了交接世代更替的接力棒时作为家族企业领头人的义务感，以及将事业继承作为"最后的工作"的责任感。将星野度假村视作"星野家族的事业"的星野佳路在前面提到的告别会上分发的小册子中这样写道："（年轻时）我曾认为自己是正确的，但如今事业得以继续发展其实是由于发挥了父亲着眼长远的家族经营经验。"

"獭祭"的光与影——最终未能彼此理解的父子

是选择家人的幸福稳定,还是选择企业的发展呢?涉及家族事业的人都必须面对在家人与公司之间的"终极选择"。担任以"獭祭"闻名的旭酒造酿酒公司(位于山口县岩国市)总经理的樱井博志在经营方面与父亲产生过冲突,直至父亲去世,两人都处于断绝父子关系的状态。在这种情况下他依然坚持继承家族事业,完全是出于对家族事业的热爱。他在回顾与父亲产生隔阂的日子时曾说过:"如果不与父亲发生冲突,如果听从父亲的话,企业也走不到今天。即使愧对父亲,但作为经营者而言,这是正确的选择。"

父亲时代,旭酒造酿酒公司仅有5名员工,不过是山里的一家乡村酿酒厂,其规模在当地也仅排第四名。樱井博志接手管理后,秉持制造佳酿的理念,推出了"獭祭"的营销策略开始向全日本销售。在他的管理下,公司员工增长至父亲时代的42倍,约210人。他还致力于海外推广,到2016年9月,公司销售额达180亿日元。但他这一路走来并不顺利,需要冲破家族经营的困境,打破前一代对自己的否定。

❖ 被父亲开除后离开公司

对樱井博志而言，自孩童时代起，家族经营的酿酒厂与他的生活就是融为一体的。每天清晨，帮工带来试蒸酒米状态的"粳米糕"，并在炉子上烤好当早餐。因家庭变故，他在小学六年级时被送到亲戚家寄养，但作为长子，他本人和周围的人都理所当然地认为，他"将来会继承父亲的酿酒厂"。所以在大学毕业后，他毫不犹豫地选择了进入兵库县的大型酿酒公司工作。

三年半之后，由于父亲患病，樱井博志回家继承事业。当时日本酒市场陷入长期低迷状态，父亲也察觉到酿酒厂的前景黯淡，但依旧坚持"酿酒厂的工作重点不在于发展，而在于和售酒店的亲密合作"这种传统做法。于是，樱井博志在父亲的指示下开着货车四处与销售酒的商店接洽，每天都忙于推销清酒。时间一长，凭借在其他企业得来的工作经验，樱井博志对家族事业的存续产生了强烈的危机感，开始与父亲发生冲突。两年之后的某一天，父子之间出现了巨大的分歧。起因本是一件小事，两人在是否应该派遣员工对交易方进行帮助一事上意见不一致，经过一番激烈的争论，父亲说"够了，你不用再来了"，就直接炒了他的鱿鱼。缘此，樱井博志离开了父亲的酿酒厂，在经营采石场的亲戚帮助下创建了石料批发公司，开始独立创业。他的事业经营得很顺利，年销售额达2亿日元。由此，樱井博志也确信："日本酒为什么卖不到这种程度呢？其中一定有什么问题。"

因经营意见分歧而产生的隔阂发展为父子感情的对立，即使父子住所相距不远，但自从断绝关系之后，两人就再无往来，连亲戚聚头的盂兰盆节和正月也从不见面。因家族经营的公私问题造成的对立在父子间形成了一道巨大的鸿沟。

几年之后，失去了继承人的父亲通过在广岛曾经抚养过樱井博志的亲戚，递出了企图修复父子关系的橄榄枝。但当时父亲只高傲地表示"让他回来"，没表现出丝毫亲近之意。樱井博志心里清楚，如果就这样回去的话，只会重蹈覆辙，因此他拒绝了父亲的邀请。

父亲并没有放弃，在第一次邀请被拒之后过了几年，他不是通过旁人而是直接与樱井博志取得联系，他对樱井博志说："回来吧。"

父亲的呼声终于打动了樱井博志，他开始在经营石料零售公司的同时也参与酿酒厂的生意。但很快他便发现父亲的经营方针和营业方式没有丝毫改变，对父亲而言他不过是个"不错的推销员"而已。失望至极的樱井博志仅回归了两个月就再次离开了酿酒厂。

但对父亲来说，酿酒厂绝不能没有继承人。于是又过了几年，当他病重临死之际，他再次直接请求樱井博志回来，嘱托道："今后就交给你了。"然而，即使到了这个时候，父亲对经营的理念依旧没有改变，直到最后也不打算放弃自己的支配权。樱井博志虽然明白父亲时日不多，但依旧表示"我没有信心，所以恕难从命"，拒绝了父亲的嘱托。

半年后，父亲在未决定继承人的情况下逝世，父子间因经营意见分歧造成的对立直至最后都未实现和解，再也没能恢复正常的父子关系。这种困境在家族与企业重叠的家族经营中并不少见。而原本拒绝了父亲的樱井博志最终决定继承家业是在给父亲守灵的当夜。那个晚上，灵堂附近的清酒装瓶厂传来问询："现在必须得对厂里现存的酒进行杀菌，是否该立刻开工呢？"因刚失去了总经理，众人都惶然不知所措，根本做不了决定。樱井博志心想："父亲肯定不愿意看着酒厂报废。"于是，他立刻指示道："马上杀菌装瓶。"这句话也就成为他就任总经理的宣言。

为什么在父亲生前不肯回来，却在此时选择回归呢？樱井博志回顾自己生平时说："酿酒厂是家族事业，代表了我的自尊及所有的一切，所以我还是想让它继续走下去。"家族事业与记忆和生活交织在一起，让他别无选择。

接管家族事业后，樱井博志根本没有时间沉浸在感慨中。由于清酒市场进一步萎缩，作为地区性的中小型酿酒厂的旭酒造酿酒公司变得举步维艰。随着销售额剧减，虽然父亲生前已缩小了企业的规模，但也濒临极限了。樱井博志感到："父亲那一代的经营方式，最多只能再支撑4~5年，我必须得想点办法了。"

公司内还有其他亲戚，他们对回来就任的樱井博志都持冷淡态度。而大部分员工也认为他"不过是临时任命的新总经理"，情绪都十分低落。樱井博志询问销售负责人 "该如何提高销量"时，对方也只是说得上滞销的原因，但拿不出任何解决之策。于是，樱井博志意识到："也许他们只要保持和原先一样的生活就会觉得幸福，但对于公司经营者来说，我必须寻求突破。"不过，当时的他也不知道该怎么做，只是产生了"再这样下去毫无生路"的十分强烈的危机感和恐惧感，甚至在走投无路时考虑过自杀。

❖ 家族事业难以为继，但仍咬牙坚持

之后，察觉到"只有自己才能做出决策"的樱井博志决定先开阔视野。但仅凭斗志难以突破困境，他先后尝试过采用纸质包装和降价销售等方式，但均告失败。虽然石料生意还在继续，勉强能支出生活费，但也已债台高筑。樱井博志心中明白，从父亲那一代开始就难掩颓势的家族事业恐怕要在自己手中破产了。当时，就连在税务署任职的朋友也劝诫他道："这是越挣扎越无法脱身的沼泽啊！"最终，支撑樱井博志坚持下去的动力是他对家族事业的热爱。他坦言道："酿酒厂主的儿子永远以酿酒厂为先，哪怕再辛苦也会孜孜不倦地努力，做石料生意对我而言并不是有趣的人生。"

酿酒厂发展的转机来自对口味的提升及努力将产品销往各地。虽然当地商机衰退，但樱井博志推出"獭祭"为新的商标，以在东京开设地方酒销售点为突破口，开始向各地发展，以口口相传来提高口碑，很快就扭转了企业颓势。但没过多久，因出于稳定销售额而推出的啤酒酿造和旅馆经营均告失败，樱井博志一时窘迫得连儿子的大学学费都付不出来，又一次想以自杀来换取保险金。

在企业危急之际，统管酿酒的杜师傅离开了酒厂。面对危机，樱井博志决定打破酿酒业界的传统，贯彻数值管理，以此为基础借助员工之手来转变酿酒方式。这形成了日本罕见的整年酿造技术，也带来了新的发展契机。如今，樱井博志以"獭祭"为品牌进一步

拓展事业，他表示："不采用机械，坚持手工酿造，这不仅能保证高品质，还能增加就业岗位且与地区事业紧密相连。如果当初我听从父亲的话，肯定走不到今天，企业也难以存活。"虽然樱井博志是在反复的失败中找出了独有的事业模式，但在交易日益扩大的海外，他的成功无疑成为家族经营值得信赖的保证。樱井博志认为："如果是上班族式的经营者，一旦有什么问题可能会逃之夭夭，但家族逃不了，这是众人皆知的事。所以，我认为打磨品牌才是家族事业的核心。"

樱井博志心知，正如以前的自己一样，总有一天他也会被别人否定。"不过，如果有人当面否定自己，那我还是会生气的，毕竟理性与情感不同。"体会过家族经营的艰辛与困难的樱井博志静静地笑了。他于2016年让儿子担任总经理，自己退任董事长一职。

家族矛盾导致企业内部分裂——快乐饮料公司女继承人面临的考验

家族企业会出现企业与家族不可避免的重合现象，因此也容易产生复杂的对立，以致事业停滞。快乐饮料公司（位于东京港）总经理石渡美奈就是在经历了家族内部对立、亲子隔阂、与前代老资格管理干部的关系难以维系等家族企业特有问题后，找到了属于自己的经营模式。

石渡美奈从小就知道父亲与某位亲戚在公司内呈对立之势。其实并没有发生什么特别的事，但作为独生女的她敏感地从双亲的日常谈话和正月家族聚会时发现了这一点。

身为创业者的祖父与石渡美奈住在一起，他对这个孙女十分疼爱。石渡美奈上中学时，颇具人望的祖父去世，葬礼在青山火葬场举行，她只记得当天那里摆放着数不清的花圈。白手起家的祖父去世之后，父亲与上面提到的那位亲戚的隔阂进一步加深，不久他们就将销售部门分离了出去，以父亲负责总公司、那位亲戚负责销售公司的方式运营。虽然企业并不大，只有约40名员工，但内部已经分崩离析。据说，当时担任会计的亲戚甚至连账目都不给父亲过目。家族成员间的对立毫无疑问就是当时公司业绩低迷的原因之一。

但石渡美奈亲身经历与亲戚的对立是在很晚之后，当时她接近30岁，已在别的企业工作过一段时间。在她感受工作乐趣的同时，父亲的公司正涉足当地啤酒事业——他们已为此筹划很久。两者时机刚好重合，于是石渡美奈产生了"我要在父亲从祖父手中继承的公司工作"的想法。

当时，处于对立状态的亲戚早已安排自家子弟进入公司，但不愿女儿卷入家族纠纷的父亲反对她入职。只是，石渡美奈入职的心意已决。亲戚察觉到她的想法后，也许是担心"这样下去自家子弟就不能成为继承人"，于是在某一天直接邀请石渡美奈同吃午餐，并带着自家亲近的员工出席，面对面地告诉她"你最好不要回公司工作"。石渡美奈将此事转告了母亲之后，一向温和的母亲勃然大怒，立即前往公司向亲戚表示抗议。

❖ 明明已经站在了起跑线上，可是……

石渡美奈表示，当时她的意志极为坚定，丝毫不受他人干扰。原因是"想要进入父亲公司工作的意愿超过了与亲戚对立带来的不安"。约1年后的1997年，父亲允许石渡美奈进入公司，当时她29岁，终于站在了家族事业的起跑线上。但之后的数年间，她所面对的是来自公私两方面的持续不断的家族纷争。

私人方面，出现了与父母关系的问题，为此她决定与母亲分开居住，离开家开始独自生活。虽然她暂时陷入母女关系断裂的状态，但培养了自己的自理能力。可惜的是，不久她便因病住院，而母亲也在同一时期遭遇了车祸。父母如此痛苦之时我却不在身边——石渡美奈曾为自己的无情而感到羞愧，同时也强烈地意识到："只要认真工作，与父母产生冲突几乎就是不可避免的。"

两年之后，她还是回家了。回家的缘起是租住房屋的合同变更。石渡美奈坦率地为之前的事向父母道歉，父母也接受了女儿的歉意。回顾这段过往时，石渡美奈说道："毕竟是血亲，我们很快恢复如初，彼此间也没有隔阂。"而另一方面，与亲戚之间的对立成为她工作中的阻碍。虽然早有预料，但公司内的气氛沉闷，令人窒息。团队间各种流言四起，不管石渡美奈想做什么，员工都毫无干劲。颓废的氛围直接影响了业绩，2001年，公司的销售额降到了历史最低值。

2002年夏天，一场意外打破了僵局。当时与石渡美奈对立的亲戚子弟统管会计工作，由于他缺勤过多而导致业务停滞。难以忍受的石渡美奈指出这一问题后，该子弟就再也没来上班，并在不久后提交了辞呈。与父亲对立的亲戚也随之离开了公司。石渡美奈原本以为从父亲那一代持续至今的家族纠纷终于画上了句号，但事态竟向着意想不到的方向发展。几乎在同一时期，与亲戚交好的部分负责会计的员工集体离职，顾问会计师也跟着亲戚离开，以致公司账目一团糟。面对危机，石渡美奈立刻招聘来新的税务师，并让新录用的员工担任会计，由此勉强渡过了困境，但公司内部的混乱并未平息，反而出现了反弹。

幸运的是，亲戚离开公司后就再也无法插手经营，而且其离职后，父亲培养的老资格管理干部得以趁机顶替其原来的位置。待到公司情况稍微稳定之后，父亲对石渡美奈说"今后公司就交给你了"，就指定她为继承人。销售公司的业务随即回归总公司，重新形成从制造到销售一体化的制度。2003年，石渡美奈就任副总经理。

石渡美奈打算以人才培养为主，逐步推进经营改革，于2007年开始录用新人，并加强对公司员工的培训。同时，她积极地在媒体上露面，巧妙地以不增加成本的方式做广告宣传。这一系列的举措让公司内部逐渐恢复活力，开始了转变。

但这个过程并非一帆风顺。很快，石渡美奈又面临与老资格管理干部之间维系关系的问题。父亲一直非常信赖和重用一位管理干部，但石渡美奈认为该干部"过犹不及"。于是，针对该干部的待遇问题，她多次与父亲进行讨论，但两人意见不同，争论一直持续到该干部离开公司。石渡美奈于2010年就任总经理，她继承家业后，父亲就将所有工作全部交由她处理，自己退任董事长一职，旁观她管理公司。随着石渡美奈亲自录用和培养的员工增加，总经理与员工之间的距离日渐拉近。此后，公司内形成了企业框架，气氛也相当活跃。这在家族对立时期是不可想象的事。随着公司的变化，经营业绩也显著提高，销售额与过去最差的2001年相比翻了5倍，达40亿日元。

在亲身体验了家族经营的各种甘苦之后，石渡美奈终于打造出如今的局面。她重视公司的一体感，至今仍然经常在早晨和员工随着伴奏系统一起唱歌。为了让企业发展迈上新的台阶，进一步加强员工培养，她还先后进入早稻田大学商学院和庆应大学研究生院进修，修完了研究生课程，并一直坚持研究，打算成为身兼二职的经营者。那些为家族问题烦恼的日子已经远去，如今的石渡美奈表示："优秀的理论能用于经营中，而我希望经营实践中所积累的经验也能归纳成理论。"

"大哥再见"——分割后收益率提高3成的上市公司

即使是关系融洽的兄弟,也并不一定能共同经营企业。在爱旺精密工具公司(位于东京都府中市)担任董事顾问的梅原胜彦就是在兄弟一起创业后与大哥分道扬镳的。他选择了独自创立公司并将其发展为上市公司。

◆ 没上中学,12岁开始工作

"明明爬山更近,为什么大哥偏偏要绕远路走海边呢?"梅原胜彦小时候曾对大哥的这一举动感到不可思议和困惑。当时,由于父亲事业失败,还是中学生的大哥带着两个小学生——弟弟和妹妹去鹿儿岛投靠一位远亲。作为家中最小的孩子,梅原胜彦当时对自己能坐上火车感到很开心。他们换乘了几趟慢车才在3天后到达鹿儿岛,接下来还要搭乘公共汽车才能到达亲戚家。但他们已经没钱了,在大哥的指示下特意绕远路步行前往,几小时后到达亲戚家时都已经筋疲力尽。梅原胜彦一直不懂大哥这么做的原因。

直到20年后的1970年,梅原胜彦才创立爱旺精密工具公司。该公司的主要产品包括从车床用零件凸轮盘到工具用弹簧卡盘等几大类。公司实行多品种少量生产，贯彻短期交货方针，自创业以来年平均销售收益率往往超过30%，成为高收益企业，并于2003年在纳斯达克证券交易市场上市。梅原胜彦于2007年辞去总经理一职，退居二线，担任公司顾问，他在各个方面都有家族经营的丰富经验。

梅原胜彦出生于以公馆街闻名的东京都港区白金，他的父亲是制作金属道具、把手的街道工厂经营者，原本是手艺人出身，在战时制造军方通信设备零件，（美军）空袭解除、日本投降后转而利用残留材料制造香烟管，并获得了成功。当时他家生活富裕，家中的柜子抽屉里放满了钞票，建起了两层小楼，雇了3名佣人。幼时照片中的梅原胜彦戴着贝雷帽，穿着小西装和皮靴，俨然一副"少爷"的模样。

但好日子没持续多久，原本就酗酒的父亲逐渐沉迷赌博，母亲在梅原胜彦出生半年后就离家出走，他对生母几乎毫无印象。梅原胜彦的养母是父亲第三次结婚对象。不久后，由于新旧日元替换造成的混乱，父亲失去了全部财产。梅原胜彦也就是在这一时期前往鹿儿岛投亲的。虽然他与养母的亲戚是初次见面，但从那一天之后，他就在鹿儿岛生活了。兄妹三人分别被送往不同的亲戚家。梅原胜彦住在养母妹妹家，养母妹妹夫妻二人都很温柔，一开始因为鹿儿岛口音造成的交流障碍也很快消除了。梅原胜彦天天开心地追鸟抓兔子，漫山遍野地玩耍。3年后，没有子女的这对夫妻向梅原胜彦的父亲提出请求，希望收他为养子，但被父亲刻薄地回绝了。由此，导致梅原胜彦失去了住所，只能被送往儿童收容所。他在收容所中听从不良少年的教唆，擅自外逃，虽然被抓回，但一个月后又回到了东京。

养母后来离父亲而去，大哥和姐姐则先于梅原胜彦回到父亲身边，一家4口住在墨田区的一间6个榻榻米大的房间里。一进租住房间的玄关就直接能看到里面的情形，房间后面还有间4个半榻榻米大小的房子租给了一对夫妻。他们每次都要穿过梅原胜彦家的房间才能回家，梅原胜彦居住的环境毫无隐私可言。但即使是这样的住房，父亲也经常拖欠好几个月的房租，全家生活极度困苦，平常睡觉只能两人共用一条棉被，甚至连学校的午餐费都无法缴纳。父亲对他说："你就念到小学毕业，别上中学了。"实际上，梅原胜彦刚读完小学，父亲就因交不起房租被赶了出来，全部家产只剩一台两轮拖车。当时一家人已处于离散状态，12岁的梅原胜彦只能到川崎市的街道工厂工作，但他仍在未告知父亲的情况下偷偷参加了中学入学式，周围的同学都身着制服，只有他一人穿着普通的衣服。梅原胜彦还记得进入教室后，自己的座位在明亮的窗边，但他的中学生活就只有这么一天罢了。当时并没有公司会雇用应该接受义务教育的小孩，所以是父亲的友人偷偷雇用了他。公司员工只有5人，工作是和父亲最初一样的金属把手制造业，公司也是家族经营。虽然同为经营者后代的梅原胜彦沦落为家族企业的雇工，但当时他就立下志来："未来一定要独立创业，成为总经理。"

开始工作后不久，梅原胜彦回了趟自己毕业的小学。因为父亲拖欠了约300日元的午餐费，所以他一直打算自己补上。结果走到学校门口，他却突然悲从中来，什么也没做就回去了。这项欠款一直被他记在心头，约60年后，成为顾问的他重回母校进行了捐款。

当年开始工作之后，梅原胜彦一直心心念念想和同龄人一起上学，还曾去书店买过教科书，但也只能看懂科目名，做个留念罢了。

四散的家人走上了不同的人生道路。父亲再次成为工匠，比梅原胜彦大6岁的大哥则一边上定时制高中，一边在鞋店打工，后来也成为做把手的匠人。姐姐则没上完中学就到外国人的家里做佣人。没了能让所有人共同居住的家之后，就只有在正月等节日里才能见面，彼此聊聊近况。

当时，工匠辗转于能发挥手艺的不同工厂是很常见的情形。通过频繁地更换更好的工作地点，梅原胜彦的薪水也水涨船高，但他怀有创业的野心，也就不敢有丝毫的自满。他工作过的企业全都是家族经营的，企业内的公私不分给他留下了不好的印象。因为羡慕工作所在地的家族子弟能够上学，他怀着强烈的求学心，打听到有种夜间中学，在得到老板的许可后立刻入学。每天工作结束后，他就借师傅的自行车上学。原本他还想接着上定时制高中，但考虑到心中的创业梦想，他还是转读了簿记学校。

22岁时，梅原胜彦受邀进入自己工作以来的第10家公司。虽然年轻，但由于职业资历老，所以他成了负责管理初中毕业和高中毕业事务的员工，并且在这里他有了两次决定自己未来人生的际遇。一次是他了解了父亲创业时制造的手动凸轮盘。传统的把手都是由工匠手工制作的，但随着自动旋盘的出现，业界逐渐不需要工匠的个人技术了。梅原胜彦在感到危机的同时，也发现了其中的商机。凸轮盘是利用自动旋盘来控制切削工具的零件，不仅制造的商品昂贵，而且做法繁复，交货期很长。他认为："如果能以比制造商更好的条件制作出成品的话，自己就能实现创业。"另一次是邂逅了未来的妻子，他们在公司中巧遇，不久便结为连理。

与婚姻顺利相反的是，由于资金不足，他的创业迟迟难有进展。转机来自结婚仪式的前一天，梅原胜彦邀请了抚育自己的养母参加，并在闲聊中提起"虽然工作不错，但因为没积蓄而无法独立创业"。养母闻言表示"我帮你出这笔钱"，并借给他70万日元作为创业资金。结婚当天，他因邀请养母而触怒了父亲，父亲也就没有参加婚礼。不过，梅原胜彦从父亲的一位弟子带来的照片中初次看到了亲生母亲的模样。

虽然以意想不到的方式具备了创业条件，但一想到父亲破产后家人曾经历的艰苦生活，他就犹豫不决了。在烦恼之中他开始了新婚旅行，但脑子里一直想着创业这件事，整夜辗转反侧，新婚的妻子对此大感不解。不过，当梅原胜彦告诉她自己心意已决，准备开始创业之后，妻子表示了理解。新婚旅行结束后，梅原胜彦向任职公司提交了辞呈，虽然公司一再挽留，但他仍在1个月后离职了。

虽然他对以凸轮盘为主体的事业模式很有把握，但在配送和收款事项上，还存在问题。梅原胜彦当时已26岁，但还没有取得汽车驾照。于是，他邀请了有驾照的大哥。当时大哥在父亲弟子的工厂工作，早就想辞职了，受到弟弟的邀请后两人一拍即合。两人有6岁的年龄差，所以他让大哥担任总经理，自己为副总经理，还让在大企业工作的姐夫也在公司内挂了个名。为了体现3人同心协力的意愿，他们将新公司命名为三和制作所。主要生产机器都是贷款购买的新品，其余的则是在古川桥的二手店购入。梅原胜彦还幸运地淘到了自己所尊敬的松下幸之助的公司生产的锉盘二手货,并在一家二手店花3万日元买了一辆马自达双座小汽车,又在大田区环装七号线附近的民居前租了有6个榻榻米大小的仓库。最终,他和大哥一起于1965年开始了创业。

最初,由于无销路而陷入困顿。妻子在成为惯例的发薪日问道:"钱呢?"梅原胜彦只能回答:"产品卖不出去,我也拿不出钱来。"这时,妻子才第一次理解了创业的含义,她无奈地嘀咕道:"这可麻烦了……"好在急需凸轮盘的公司不少,半年后公司经营就走上了轨道。梅原胜彦和大哥多次出入涩谷,与交易对象痛饮美酒。仅一年半他就归还了养母资助的本金,且利用创业前工作时积累的人脉,雇用了更多员工。这时,他的父亲已经和另一位女性在热海的旅馆同居,因为他是老式匠人,所以兄弟俩创业时并没有告知他;但当事业有所发展之后,兄弟俩就给父亲汇去了生活费。最后父亲在川崎的公寓去世,直到逝世都没能戒酒。

❖ "为什么大哥下不了决定?"

随着事业顺利发展,公司也搬到了场地稍微宽敞一点的世田谷区车库。虽然兄弟俩的感情很好,但梅原胜彦逐渐对与大哥一起经营感到痛苦。个中缘由其一是对决策速度的认识。他觉得:"为什么大哥连这种问题都下不了决定?"他指的是,大哥在采购设备和改善设施时,往往都是在业务变得繁忙之后才有所行动,因此导致业务停滞不前。"明明应该在我们变忙之前就完成设备采购和设施改善，但大哥并不这么做，他的做法看似符合常理，但根本不能促进事业发展。"位于世田谷的总公司生产车间只有一扇窗户，工作环境极为简陋，导致加工时产生的金属粉末积满了桌子。梅原胜彦提议："这样下去会损害身体健康，提前搬走吧。"但大哥不为所动。他身为总经理，虽然事无巨细都会彼此商量，但决策速度太慢，这让梅原胜彦产生了"与其这样浪费时间，不如自己决定"的想法。

此外，梅原胜彦还有其他顾虑。大哥给自己的待遇与给梅原胜彦的待遇完全一样，无论是薪水还是购买车辆和住所，都是同等金额。感恩的梅原胜彦自然也希望他们的下一代能延续这种和睦的关系。为此，当大哥给长子的名字中加入"一"字后，梅原胜彦的儿子出生时即使也是长子，他还是在名字中用了"二"字。然而，随着大哥的次男降生，大哥的态度逐渐转变，认为"既然是我的公司，理应由我的孩子们继承"。这让梅原胜彦感到进退两难。

如何才能自然地与大哥分道扬镳呢？梅原胜彦一直思索着理想的方法，随后就想到了业务分割。在凸轮盘的设计、制造、销售这3个阶段中，他设想将较为简单的销售与设计交给大哥负责，而涉及经费和设备资金的制造则由自己负责，以这种方式将公司一分为二。利益折半对大哥而言也比较有利，所以他认为这也许行得通。然而，大哥一直在资金上给予自己公平的待遇，这让他很难开口说分手。直到两人因为某件事发生口角，大哥认为他"太过暴躁，令人讨厌"。

而决定性的分手事因来自两人对导入当时最尖端的数控旋盘的

意见分歧。梅原胜彦打算利用数控旋盘将原本的模拟作业替换为电脑数码化作业，他认为"既然数码化趋势已成定局，那么就应该立刻导入"。但要将原本500万日元的机器替换成2000万日元的数控旋盘，大哥表示还太早了。双方的分歧难以填平，最终大哥主动说出"胜彦，我们还是分开吧"。于是，如梅原胜彦之前所想的一样两人进行了事业分割，各带走了6名员工中的3人。没有拖泥带水，兄弟俩以彼此都能接受的方式在共同创业的第5年分道扬镳。大哥搬到了涩谷的公寓大楼，负责制造的梅原胜彦则继承了工厂。

梅原胜彦于1970年创建了爱旺精密工具公司。他最初的做法是导入吸收金属粉末的集尘器，用以改善工作环境，随后又导入数控旋盘，由此飞速地提高了经营效率。

最初，工厂依旧保留着已属于大哥的三和制作所的牌子，因此经常有因误会而造访的顾客，再加上员工没有在爱旺精密工具公司工作的自觉，于是梅原胜彦很快就决定迁址。虽然周围劝诫他"别太着急"的人很多，但他还是将公司搬到了府中市。

与大哥分开之后，梅原胜彦的凸轮盘事业发展顺利，但他预感到："随着数控旋盘的出现，凸轮盘的需求将逐渐减少。"因此，他将目光投向了下一个产品，即作为连接材料工具的弹簧卡盘。这种产品无论是用模拟还是数码的方式制作，市场价都很高且交货周期长。他虽然不知道制造方法，但还是投入了通过销售凸轮盘赚来的资金在山梨县韭崎市建造了新工厂。他一边游刃有余地以发展性投资进行技术开发，一边利用快递和传真来控制流通成本，培养主导事业，并且从一开始就不使用汇票，在提高收益的同时降低了无谓的浪费，实现了无贷款经营。"这些都是自己做决策才能做到的，如果还和大哥在一起经营的话，也不会有现在的公司了，分开果然是个好办法。"

自从与大哥分别经营之后，以往工作也自然分工了，所以每天都有打不完的电话。虽然兄弟二人共同经营时的客户由大哥接手，但很快就有不少公司向梅原胜彦直接下订单。大哥虽然尊重客户的选择，不过也开始担忧"这样下去，客户会不会全部被弟弟抢走"。于是，他更加努力经营公司。两人虽没有进行价格竞争，但由于成为同业的竞争对手，兄弟间的关系也日益恶化。当看到梅原胜彦涉足弹簧卡盘领域并取得成功之后，大哥便想方设法从爱旺精密工具公司挖墙脚。兄弟俩开始彼此攻击，整整10年未再见面。

大哥最终没有进驻弹簧卡盘领域，并且在其他领域的发展也不顺利。由于资金周转困难，他在周围人的劝诱下开出了通融汇票。而乱发汇票让梅原胜彦以前从大哥手中得到的用以支付以往工作的汇票也开始贬值。

将公司从涩谷搬到品川的大哥在某一天造访了梅原胜彦，表示"希望两家公司合并，我可以退居顾问职，我们兄弟再联手吧"。但不开具汇票，坚持无贷款经营的梅原胜彦以"我们对金钱的观念不同，会导致公司出问题"为由拒绝了他。即使姐姐出面请求梅原胜彦帮助大哥，但他依旧坚持自己的想法，只是对大哥提供生活费，并不打算救济每月数百万日元赤字的公司。最终，大哥的公司倒闭，连自己的住宅都作为担保转手他人。

梅原胜彦带着妻子去探望从独门独院的宅邸搬到公寓的大哥，

想要让她知道"事业失败的总经理也会沦落到这种境地"。大哥的新家只有两个房间，几乎连原来家中的物品都装不下。梅原胜彦心想："这要怎么睡人呢？"但最终，他也不好意思问出口。大哥在失去了原本的家之后，还得向银行支付20年左右的贷款。

❖ 创造能让外人继承的好公司

梅原胜彦没有让家人进入爱旺精密工具公司。不仅如此，自创业以来妻子甚至没有去过一次公司，只在将总公司搬到现址的前一夜，等到员工都走了之后才和梅原胜彦一起参观。他们养育了两男一女，但孩子们从未来过公司。不仅家与公司分隔两地，在家也绝不提工作。所以，孩子们上小学时根本不知道父亲是总经理。长子上高中时曾问过梅原胜彦："我真的不用继承公司吗？"而梅原胜彦则明确表示："你做自己喜欢的事就好。"

其实，从创业时起梅原胜彦就已经决定不发展家族企业了。虽然他曾见过各种各样的家族经营企业，但他认为"拘泥于家族子弟会将继承人限制在几个人的狭窄范围内，而让外人继承则能有更大的选择面"。而要让外人继承，不成为一家好公司的话自然无人理睬。因此，梅原胜彦致力于提高收益率和明确公私界限。他认为"既然不选择世袭制，那可以试着让公司上市"。公开股票后，梅原胜彦选择了在这一过程中彼此了解的证券公司出身的人继承总经理。不过他也表示，虽然不执着于家族经营，但也并不意味着否定家族经营本身。梅原胜彦认为会拼命守护公司的往往还是家族，而且如果企业规模不大,更容易让员工产生一体感。"但我从12岁开始工作,所以想尽早从工作中解放出来,而家族继承只会让我一生都被企业束缚。另外,我清楚担任几十年的总经理是多么辛苦的事,所以不想让我的孩子受同样的苦。"正因如此,他有意让家人与公司分离,让下一代不受影响,对于自己一手创办的爱旺精密工具公司的股票,他在遗嘱中明示:"可以继承,也可以出售,由他们自己决定。"虽然税务师表示这种做法太可惜了,但梅原胜彦并不打算更改股票继承方式。

❖ 父亲的信

在作为经营者的漫长人生中,有时也会因为难以承受压力而陷入低谷。梅原胜彦会在凌晨时独享属于自己的弹琴时光,也会通过看中国古典名著来思考领袖思维方式。如今他和大哥也和好如初,偶尔会通电话,当初作为同行竞争者的阴暗日子逐渐远去,与孩子们间的关系也十分融洽。

几年前,梅原胜彦承担费用和大哥一起重返鹿儿岛。为了找回当初的记忆,他们没有乘坐飞机,而是搭乘列车前往。当新干线路过广岛站时,大哥想起了小时候看过的被火烧过的田野风景,感慨颇深,可惜梅原胜彦当时太小,并没有这个记忆。到达鹿儿岛后,他们向曾被寄养的亲戚家走去。这时梅原胜彦向大哥问起,当年为什么要特意绕远路从海边走呢?大哥也回忆起了当时的事,回答道:"因为只有我知道父亲的信上仅有短短的几个字——'请收留这3个孩子'。而车票是单程票,父亲也没有给养育费。我不想很快走到终点,才刻意绕了远路。"在经历了各种事的70年之后,梅原胜彦才终于了解了带着天真无邪的弟妹走向陌生土地的哥哥当时的心情。

第二章

Chapter 02

世代交替是把双刃剑

——它是通往消灭下一次成长机遇的道路吗?

日本高田公司儿子继任"并非世袭制"

家族企业的领导人退任时往往是企业最艰难的时候。网购大型企业日本高田公司（Japanet Takata，位于长崎县佐世保市）的创始人高田明将总经理一职交由其30岁的儿子继承后便辞去了所有的职务。在过去的20年间，高田明以其独特的高亢语调作为"日本高田公司的门面"一直出现在针对该企业的电视购物节目中，他在表明自己将退出该节目后，也就基本上从电视上消失了。

在退出节目前的2015年，他把几乎所有的上班时间都花在佐世保市总公司的节目摄影棚里。公司东京摄影棚的工作人员也被聚集到佐世保，由高田明直接传达节目制作的要点。高田明的风格是无需详细的台本，在现场随机应变，他在传达个人经验时不惜使用严厉的语言，力求让工作人员记住关键点。

在退出节目前的2015年1月15日，已经66岁的高田明先退出了日本高田公司的经营，继任者是被选出来的时年35岁的长子高田旭人。从这一天起，高田明辞去了所有职务，将公司的一切交给了以高田旭人为中心的全新管理层，甚至不再出席任何会议。

家族经营的难点在于经营者隐退时，交接给下一代的过程缓慢，或上一代仍插手公司事务。这虽然也是非家族企业要面对的共同难题，但家族企业在进行跨代事业继承时，往往会出现引人注目的纠纷。比如，年事已高的前代管理者不肯放权，导致后代继承一事被一再拖延，从而延迟了企业改革。或者创业者爱"我的公司"甚于爱"我的孩子"、亲子之间出现经营权之争。正因如此，高田明选择了在60多岁时退出经营，退出时他对30多岁的儿子的经营方针没有发表任何见解。他的理由是："如果委任方都不能下定决心，被委任者也就会畏首畏尾。所以，首先我得表明态度，对新体制给予100%的信任。当然，我也不可能完全不担心，但我对他的期待值更大。"而作为他踏入人生另一个阶段的基点，高田明在退任的同时又创立了个人公司，目标是实现一身二生（注："一身二生"出自福泽谕吉的名言"以一次生命经历两种人生"）的生活。

高田明引退时，妻子与他同进退。虽然他们夫妻之间的关系并不为外人知晓，但回顾过去，他们夫妻俩一直是相互扶持着走过开创事业的艰辛人生。高田明1986年从父亲的相机店独立出来，90年代涉足广播领域，1994年开始电视销售。他的妻子作为副总经理，一直陪在他身边，两人间的扶持成为发展的原动力。虽然创造了家族式的企业风气，但在使用金钱方面严格划分公私界限。妻子没有在媒体上露面，但高田明通过出演自己的电视购物节目提高了知名度。他不仅设置了华丽的摄影棚，同时也准备好了完善的客服中心和物流仓库，构筑了销售额超过1500亿日元的事业。在高田明准备引退的几年前，妻子就表示："我到了该引退的时期了，我在公司的职责已经结束，今后将寻找新的人生。"随后她离开了公司。高田明也言明："我只是晚退几年，但退任的方式会和妻子一样。"

当年，高田明夫妇虽然实现了夫妻经营，但其实一开始并没有考虑亲子间的事业继承。高田明家除了长子高田旭人外还有两个女儿，他们家的房子一楼用作相机店，二楼才用作住宅。这种环境培养了3个孩子的独立性。进入中学后，孩子们离开父母，分别去了福冈、关西的学校开始了寄宿生活。孩子们从未对外人提及自己的父亲是高田明，他们选择自己喜欢的大学毕业后，各自走上了不同的道路。高田旭人在证券公司上班后又前往美国留学，直到2004年，日本高田公司发生了泄露顾客信息事件，面临50天停业整顿的危机。当时他刚好回国，迅速进入公司帮助父母共渡难关。以此为契机，他在公司担任客户中心的负责人。

高田明步入60岁时便开始考虑事业继承的问题，但当时他并未决定继任者，只是打算让优秀的人来继承。促使他做出卸任决定的原因是，作为公司主力商品的电视陷入了销售低谷。2012年12月的销售额与2月之前相比降低了约600亿日元。为了实现公司再度成长，高田明宣布："如果2013年度不能刷新过去的最高收益，我将辞去总经理一职。"当时，高田旭人经常围绕公司的未来与高田明展开激烈讨论，后来又不顾高田明的反对推出一种商品只出售24小时的"挑战日"，并大获成功。看到向着目标积极进取的高田旭人，高田明承认："他心怀期待和梦想，10年以来都认真对待同样的工作，让我也对他产生了足以继承事业的信心。"之后，由于开拓了新的商品材料，最终实现了企业最高收益的目标，原本应该继续留任的高田明决定让儿子作为继任者，并表示会在两年后引退。该决定令员工大吃一惊。继承的过程十分顺利，2015年1月高田明辞去了总经理一职。

高田明表示："选择继承人时并不是非儿子不可，但也并没有从一开始就排除他。不拘泥于血缘关系，仅凭想法和实力来确定继承人，也能让员工心服口服。这并不是世袭制，而是用人以能。"不过，虽然在选择继任人时花费了许多时间，但股份的继承则是很早就决定了的。他认为"要继续保持自由的经营，最好是保持股份继承"。于是，在8年前他和妻子就将大半股份转给了儿子。虽然当时高田明也考虑到可能会出现经营者与持股者分离的情况，但他认为这样也不是不可以。

高田旭人和父亲不同，他并没有出现在购物节目上，而是在就任总经理后就对企业进行了一系列雷厉风行的改革。他重新审视企业组织机构，在持股公司下方另设事业公司，公司名称中带"高明"的只留一家负责制作的公司，并更换企业徽标，办公室也实行自由座位制度，员工每年还能获得九连休。

年轻的高田旭人在面临重大决策时，偶尔也会犹豫不决，因此在继承总经理一职之后，父子之间设置了每月一次的聊天时间。高田旭人大多数时间都待在东京，但依然会通过视频与父亲聊一到两个小时。谈话主题多种多样，但做最终决定的还是总经理。将事业交给下一代的高田明表示："66岁之后的人生我打算继续向前飞奔。"2017年4月，他出任了以长崎县本地为中心的指导球队参加日本足球乙级联赛的长崎瓦伦足球俱乐部的总经理。

袜屋公司董事长谈及子承父业的关键

"儿子是绝对不会听父亲的话的,我自己也是如此,所以不会对儿子指手画脚。"袜屋公司的创始人越智直正董事长在回顾长子胜宽的事业继承过程时如此说道。越智直正出生于爱媛县西条市,虽然后来在大阪居住了60年以上,但仍保留着浓浓的乡音。袜屋公司总部位于大阪南(Minami)的高层大楼中,原则上是禁烟的,但他用玻璃隔出了装有大型空气净化器的董事长室,保留了自己的爱好。越智直正虽然有白手起家的创业者所特有的强势性格,但在事业继承的过程中并没有过多干涉。

袜屋是销售袜子的公司,在东京证券二部上市,旗下有"袜屋"等直营专卖店,还有共计约3000家加盟店。它们不仅在日本发展,还进驻海外,在巴黎和伦敦也有店铺。2017年2月的销售额约158亿日元。

越智直正出生于1939年,是11个兄妹中最小的孩子,老家的人以务农为生。他中学毕业后即去了位于大阪鹤桥深处的狭窄袜子批发店工作。在还留有战后痕迹的街道做学徒是非常辛苦的,至今越智直正仍时常会带员工去那里,让他们了解其职业生涯的源头。当时,他正是在这里学会了用牙齿咬着袜子来确认舒适度的方法。"以对待婴儿的轻柔感来咬住袜子,还必须学会在1分钟半的时间内屏住呼吸，而练习的方法就是前辈把你的脑袋按进洗脸盆里。"如今，也有电视台节目组来此地采访时要求人们演示这种技巧，但由于无人能够屏住呼吸，他所说的确认袜子舒适度的方法也算是失传了。但越智直正是从这里起步，将经营袜子当作自己一生的事业。

越智直正于1968年独立创业，第二年长子出生。对出身于农家的人而言，由长子继承家业是理所当然的事。因此，从儿子幼时起越智直正就反复告诉他，你今后将是公司的继承人，一直让儿子听得感到耳朵好像生了茧。

后来，越智直正又有了两个女儿。只是，他打算让下一代继承的事业一直走不上正轨，不仅资金周转窘迫，到了20世纪70年代后半期时，又遇到了"3双袜子1000日元"的廉价竞争。越智直正虽重视品质，坚守价格，但因此受到了不小的影响。他夜以继日地工作，每天睡眠时间仅3个小时。即使如此，经营仍不稳定，一家人只能住在没有浴室的公寓里。虽然公司离家很近，但越智直正从不带儿子和女儿去公司。他说："要是他们看到公司的状况产生反感就麻烦了，而当时我们确实是可能让小孩讨厌的公司。"

转机始于越智直正重审产品结构，开始致力于制造女性袜子。通过与女性服饰专卖店交易，销售额稳步提高，事业得以顺利发展。在越智直正40岁时，一家人终于搬到了带浴室的公寓，这是他从爱媛到大阪之后第一次过上"家里有浴室的生活"。随着事业逐步稳定，41岁时他第一次从银行获得了少量贷款。听说"有不动产能获得更多贷款"后，他又购买了自住宅，并且携全家一起出门开展了一次郊游。这在以前是从未有过的。1982年，越智直正43岁时，为了尝试新型销售，他进入零售业。

❖ 25岁前让他做自己喜欢的事

打算让企业上市是1984年。这年，越智直正开始发展快速消费品，并决定取个店名。原本他想取个英语店名，为此还购买了《日英词典》，并向周围毕业于外语大学的人征求意见。

但一位女性设计员表示："我觉得'袜屋'很可爱。"后来，越智直正表示："我反问她'这不会让人对我产生固定印象吧？'她回答说'不会'。而我决定用这个名字，也下定决心要背负整个袜业界的口碑，目标是上市。"

但越智直正打算让长子继承事业的想法并没有改变。而长子在进入大学后热衷于戏剧和作曲，积极参与音乐活动，目标是成为专业艺术家，这让他惶恐不已。"他说让我听听音乐，就在车上给我放他自己创作的音乐，但我只觉得吵，不懂所谓的艺术。我认为既然我没有这方面的才能，那长子应该也没有。"他劝说长子，如果在25岁前未能得到任何成果，那以后是很难在音乐界生存的，但在那之前可以做自己喜欢的事。

在长子25岁生日时，越智直正宣布："从今天起，你就去我替你决定的地方锻炼吧。"由于从小接受了继承人思维，加上父亲给了自己挑战理想的机会，所以长子也很坦率地接受了现实，前往了锻炼地，也就是越智直正熟悉的化妆品公司，在那里可以接触多种商品。越智直正认为："我过于专注袜子，也因此遇到过难以向不感兴趣的客户出售商品的困境，所以希望儿子能接触多样化的商品，具备更为开阔的视野。"不过，虽然完全放手让儿子去做，但越智直正还是非常担心，曾偷偷跑去参加儿子所在公司的研修会。

几年后，长子进入越智直正的公司，被分配到商品部。"我认为经营就是研究商品，既然要继承公司，他就必须学会识别商品。"越智直正当时觉得，只要有任何不妥都应该告诉儿子，他认为只有这样才能将自己积累的经验和知识完全传授给儿子。

但这种做法只持续了3个月。越智直正表示："不只是我，几乎所有的父亲都喜欢对儿子说教，但儿子并不乐意听父亲的话。回想我年轻时其实也很讨厌'父亲的指手画脚'。"儿子自立之后，父亲变成检察官，独立之后父亲则变成法官——想到这句话之后，越智直正放弃了对儿子的管束，开始任由他自己发挥，这也让儿子对他不再有抵触情绪。"他进公司3个月之后，100件事里我插手的不足10件吧。当然，如果你去问他本人，他也许会说我夸张了。"越智直正笑着说道。实际上，2006年由长子提议将公司名改为现在的袜屋（Tabio），他表示："旧公司名是我的时代，Tabio是长子的时代，他没有必要模仿我。"

越智直正让出总经理一职，是在他创业第40个年头的2008年，而在此之前的2000年，袜屋公司就实现了股票上市。对他而言，将已是上市公司的事业交给儿子继承是理所当然的事。他说："这是长子出生后就决定的事，所以我并没有考虑太多，也没有丝毫犹豫。也许聪明人会对退位让贤说些漂亮话，但我并不在意这些。"

❖ 潜移默化地以古文熏陶

中学毕业后就开始工作的越智直正自学了中国等地的古文，创业后也将其运用到了经营中。"能传承2000年以上的东西必然是真理，古文可以作为判断的核心支柱。"但认为父子之间的思维有一定差距的越智直正并没有强迫长子学习古文，而是偶尔会挑一些古文句子写好后送给他。例如，长子就任总经理后，越智直正发现长子愁于与老资格干部的沟通，就从兵法书《三略》中抄写了"夫主将之法，务揽英雄之心，赏禄有功，通志于众"给他。通过古文传达"虽然年龄有差别，但必须使部下信服"的道理。

两个女儿也在进入父亲的公司后，先后嫁给公司的员工，丈夫都是公司主管，想必未来也会为越智直正家族的发展齐心协力。不久，越智直正拥有公司50%的股权，他将其中的30%分给了长子，20%分给了两个女儿。他希望"形成3人不同心则不成势的态势，让他们像3支弓箭一样共同促进公司发展"。

虽然经营的最终决策是由越智直正决定，但最近他已将销售权全部交给儿子和员工，自己专注于制造方面。每天早晨3点起床后，他立刻打开电脑查看前一天的产品数据，尤其会注意确认位于奈良的合作工厂的交货率；7点到大阪总公司上班后，他还经常前往合作工厂。随着越来越多日本加工机械制造商的撤出，他也对制造业产生了前所未有的危机感。他知道，对于先行一步完成家族事业传代交替的继承人而言，自己就像是啰嗦的"另一个父亲"。他也表示："即使想和继承人认真谈谈，但对方经常会说'没什么聊天的气氛'。"如今的越智直正正努力将自己对袜子行业的热情传递给下一代。

让丰田汽车公司总经理产生共鸣的年轮经营，是以"家族意识"为基础

丰田汽车公司总经理丰田章男曾在杂志访谈中对中小企业经营者塚越宽大加赞扬，称"自己从他那里学到了很多东西"。塚越宽是日本琼脂制造商伊那食品工业公司（位于长野县伊那市）的董事长，他实践的是随着时间逐步成长的"年轮经营"。这种经营方式利用了从长期性视角观察事业的家族经营的优势。

❖ **缓速竞争式发展**

作为丰田章男的至交，塚越宽曾多次前往丰田集团，在几千名员工面前演讲。从他的总公司所在地伊那市到东京，需要换乘特快和普通列车，用时约3个半小时。虽然谈不上有多方便，但由于有不少来自日本各地的企业领导前来学习他的见解，所以他总会抽空前往。就连日本银行总裁黑田东彦也曾前来视察，而让包括丰田章男在内的各界领袖趋之若鹜的，就是塚越宽从几十年前开始的年轮经营。

伊那食品工业公司拥有连续48期增收的惊人实绩，就像树木的年轮一圈圈地扩大一样，企业也一点点地稳步成长。塚越宽将自己

的经营哲学整理成书，名为《无需裁员的年轮经营》。这种经营的目标不是快速成长，而是更重视缓慢积累。这种观点获得了大范围的赞同，该著作也成为畅销书籍。塚越宽将这种连绵不绝的持续性成长比喻为"就像保持低速骑自行车一样"，既然无须强行发展，就可以专注于研究开发，将日本琼脂的用途扩大到食品以外的材料领域。他还坚持每年按一定比例录用员工，对地区社会进行持续投资。在业界注重生命周期的风潮中，只有塚越宽对此持怀疑态度。"100年后再回顾如今的时代，只会疑惑当时为什么拘泥于这些东西。企业排行也是如此。对于本应长久存在的企业而言，为什么要在一个时期内排出个高低位次呢？我不明白。"

长远来看，年轮经营与家族经营的理念是一致的。塚越宽认为，职业经理人往往只注重自己当下该做什么，比起考虑公司的长久经营，他们更倾向于自我表现。其结果导致随着企业领导人的世袭交替，经营业绩逐步下滑。但因为家族经营的继承人都是家族出身，没有必要显示自己的存在感，并且因为大多数人都见过祖父和父亲为公司呕心沥血的情形，所以往往也就希望自己能以最好的状态继承并发展公司。

伊那食品工业公司中也有两个坚守事业的家族，而与塚越宽交情颇深的丰田章男也是创业家出身。塚越宽强调："家族企业从一开始就具备希望企业永存的价值观，这一点与年轮经营的理念是一致的。"他认为，应当超越企业规模和品种的限制并利用其特质，才能实现企业发展。

不过，即使是家族出身的经营者，有时也会有较强的表现欲，以利益优先。因而，家族成员之间也可能产生对立。为此，要让家族经营不受负面影响，就要对每个家族成员进行事先评定。伊那食品工业公司的根本方针是："一起创造一家好的企业，生气勃勃的、温和的企业。"对于塚越宽而言，所谓"好的企业"，是指让员工幸福的企业，而非追求利益的团队。从事能让自己感到快乐的工作，就能催生企业的支持者，使经营稳定。企业有祥和的工作氛围且生机勃勃，就能使员工感到幸福。"企业的基本方针是经常挂在嘴边的，如果能意识到这一点，从家族企业的角度来看，就能让下一代知道自己应该怎么做。因此，从培养继承人的环境来看，家族经营其实更具有优势。"

塚越宽之所以如此注重幸福，其原因要追溯到他十几岁的时候。当时，他因肺结核住院治疗，每天都要与死神抗争，在思考事物本质时，他发现"生命只有一次，如果不幸福就毫无意义"。这种想法此后也从未改变，他经营的根本目的就是要让相关的人都获得幸福。

❖ 理想是，通过企业发展，让社会变得更好

伊那食品工业公司坚持终身雇佣制和按资排辈，不仅不裁员，员工薪水和奖金还会跟随工龄逐年增加。虽然随着经济形势的变化，不少企业都选择了改变雇佣形态和薪水体制，但塚越宽的想法不同，他相信只有员工生活稳定才能保持平稳的心态，积极地投入工作中。而既然让员工幸福是企业的目的，那么为生病的员工介绍

医生和医院，对塚越宽来说也是理所当然的事。当员工家里遭遇火灾时，他还曾让公司出资为其重建家园。

位于丰饶绿地中的总公司"绿荫花园"也向普通人公开，重视幸福感的思维方式逐渐传到了公司之外。丰田章男在与塚越宽一道参与的杂志访谈中说："塚越宽告诉我，希望丰田公司的发展让社会变得更好，而这也是我的理想。"塚越宽平静而笃定地表示："许多企业都过于注重赚钱，这种趋势是应该改变了。"

将10亿日元私人财产和有30年历史的酿酒厂转为生物技术企业的信念

一般而言，家族企业的优势在于能从长远着眼来谋求事业发展。勇心酿酒厂（位于香川县绫川町）曾经是销售点遍布日本的中小型酿酒厂，总经理德山孝保持了约30年的赤字，并且每年投资约1亿日元——总计约36亿日元来进行持续性的研究开发，最终让酒厂变为拥有核心技术的生物企业。他为此卖掉了大部分祖上传下来的土地，投入了大约10亿日元的个人财产。与追求每个生命周期目标的非家族企业总经理不同，他从更长远处着眼，通过资金周转大胆地实现了事业的转变。

勇心酿酒厂的基础技术是发酵和酿造。"生物企业并不是只有基因重组等西洋型生物企业，还有日本型的发酵、酿造生物企业。"德山孝如此说道。主推产品"米粉11号"是用大米发酵而成的提取物，对其开发也是从基础研究积累而成。该产品能帮助皮肤保湿，是战后日本医药部外用品制度形成后第一个被认证的新功效。除了针对大型制造商的OEM（指代工生产）以外，酒厂还销售本公司品牌的化妆品，很快员工就从8名增加到115名。到2017年6月，销售额也从德山孝继承时的1亿日元出头提高到约46亿日元。

虽然新事业引人关注，但德山孝一路走来十分艰辛。创业于江户时代安政年间的勇心酿酒厂作为酒厂在四国地区可谓历史悠久。由于生产的酒曾经在当地十分畅销，负责经营的德山家族也因此拥有大量的田地和盐田。与以往的传统世家一样，德山家秉持"积善之家必有余庆""不义则不富"的家训并代代相传，在当地承担了各种职责。

对于从小就被父亲教育"你将来是继承人"的德山孝而言，家业是"理所当然应该继承的"。他在高中时代对历史很有兴趣，但还是依照父亲的心愿进入东北大学，学习与酿造有关的生物化学，毕业后又继续到东京大学研究生院进一步研究生物化学。另一方面，他依旧对历史很有兴趣，并且在环境污染成为社会问题时开始关注人类史和文明进程。他将其与生物学结合起来，意识到"自然与人类和谐共存是非常重要的"，"人类也是自然的一员，依赖自然而生"。这种自然观也与德山家代代相传的家训一致，成为他之后考虑事情的一贯准则。如今，他开口"文明"闭口"生物"的神态也让他更像是研究者而非企业家。因此，他也曾被周围的人戏称为"外星人"，不过德山孝认为："拥有自己的哲学和理念，并且着眼于家族事业的长远发展，这将成为继续在艰难中研究的原动力。"

在国税厅酿造实验所（现在的酒类综合研究所）工作两年后，德山孝回到香川参与协助家业。30岁之后的1972年，他从父亲手中接过了经营权。尽管此时日本的酒市场在销售量方面正处于成长阶段，但他的酒厂利润开始出现阴影，刚继承家业第一年就出现亏损。有了危机感的德山孝根据自己的哲学和理念审视企业经营后得出的一个判断是："将微生物用于酿酒技术，也许能从大米中得到新的产品。"企业对德山孝而言，是"通过产品来让人领悟什么是'生存'的东西"。

至此之后，为出售酒，德山孝每天都奔波于顾客之间，回家后又忙着在距家不远处的工作室做研究开发，直到深夜12点甚至1点。起初，他以为"比起出现亏损的酿酒厂，研究才是捷径"，而研究的重点是发酵的条件，但事实证明他太天真了。随着花在开发上的时间日益增加，他几乎腾不出手来进行酒的销售。好在经过各种错误尝试之后，1977年他终于完成了能去除腥臭又有特别香味的独门调味料。在给大型制造商供货后，每年调味料的销售额达数千万日元。不过，由于大量投资研究开发，勇心酿酒厂依旧处于亏损状态。

随着日本酒市场陷入长期低迷，进入80年代后，勇心酿酒厂的销量也逐渐减少。当时，虽然酒厂迅速涉足啤酒批发业，但也不得不以贷款维持经营，甚至到了要出售德山家祖传土地的地步。德山孝向父亲坦白困境后，父亲表示："既然已经将经营权交给了你，作为继承人，你就应该放开手脚按自己的想法去做。"家族经营中经常因为前一代插手经营导致两代人之间的对立，但在勇心酿酒厂，父亲直到去世为止都只是默默地守护着儿子。德山孝说过："能够以我的理念和哲学为优先，都得益于这是我们家族的事业。"德山孝的弟弟也参与家业经营，担任专务董事一职，扶持企业发展。

调味料运作成功的经验让德山孝对"利用发酵技术也能制造日

本酒以外的东西"产生了自信。于是，在80年代初，他将商品相关研究开发转向了基础领域，并利用其成果制造出了源自大米的沐浴露，其沐浴效果获得了医药外用品的认可，并于1988年上市销售。这让德山孝进一步确信自己的哲学和理念没有错。但由于开发成本负担过重，酒厂依旧处于亏损状态，亲戚们说他"只会做研究，根本不卖酒"的埋怨声也时不时地传入德山孝耳中。当时，周围的人都忧心忡忡地认为"这家公司恐怕不行了"，但德山孝毫不在意。他一心想着"证明自己的想法，取得社会性的成功"，每年投入约1亿日元的个人财产作为研究开发费。

主力产品"米粉11号"是在进入90年代后才着手开发的。在这之后，酒厂的状况更为严峻了。1995年，刚贷款投入新工厂，打算扩展事业时，当时的中央银行因泡沫经济崩溃出现了经营危机，导致酒厂资金周转陷入了走钢丝的状态。德山孝不得不为了返还贷款而四处奔走。包括香川县坂出市的1.3万平方米土地、同县丸龟市的6600平方米土地等，从继承事业以来德山孝共卖出总额达10亿日元以上的土地，只剩下自家的住地，可谓是将家族长时间积累的财产挥霍一空。

然而，事业依旧毫无进展。1995年，尽管给"米粉11号"申请了医药部外用品的新效专利认可，但由于遇上了艾滋病病毒感染丑闻，该产品迟迟未能得到市场认可。原本抱着"花费10年左右的时间一定能有所成果"的想法进行基础研究，然而时间过去了20年，光是花在研究"米粉11号"的时间就有10年。此时，德山孝才开始担忧"如果没有结果，那家业恐怕是保不住了"。到2000年时，他连给供货商的钱都付不出来，感觉自己已经山穷水尽了。这时，将他从困境中解救出来的是同为酿酒厂继承人的一位朋友。这位朋友既是德山孝学生时代的挚友，也对德山孝的境况颇为同情，于是伸出了援手。另外，还有因对德山孝的研究有较高的评价而提供帮助的交易对象和金融机构——就连一些大学的研究者也认为"这家公司是有梦想的"，也就提供了支持。这让德山孝得以利用国家补助金等来继续研究，"米粉11号"终于在2001年作为新型外用品获得医药部的认可。

市场对"米粉11号"的反响是巨大的。2004年，德山孝与大型制造商合作生产化妆品，获得了巨大成功。由此，自德山孝继任总经理以来，持续了约30年的亏损终于一口气扭转为盈，业绩飞速增长，长时间的研究开发终于开花结果了。德山孝表示："如果不是从着眼长远来考虑家族企业的话，也走不到今天。"在漫长的经营人生中，德山孝也曾遭遇过独家研究数据被泄露和差点被人篡夺公司的险境，但他都挺过来了。他追求自己的哲学和理念，作为老字号的继承人，终于将事业推上了新的台阶。

除了"米粉11号"以外，勇心酿酒厂又推进了其他大米提取物的研究开发。由此，其作为生物企业的知名度越来越高，虽然只是家总公司设在小地方的中小型企业，但能积极从东京大学和东京工业大学招揽人才。德山孝的长子和三子分别负责不同的事务。2014年7月，德山孝将经营实权交给了长子。

酿酒厂生产的酒，其销售额只占到公司总销售额的1%以下，但德山孝完全没考虑过要去掉企业名中的"酿酒"两个字。"酿酒厂是企业的基础，今后我也打算继续酿酒作业，不打算改掉企业名称。我认为日本酒展现了日本人的自然观，是发酵和酿造的教科书"。即使已经成功转型为生物企业，但德山依旧保留着对酿酒的骄傲。

第三章

Chapter 03

个人梦想与家族之情

——继承人举步维艰的时代与继承家业的哲学

闹市区（DownTown）组合原经纪人——从娱乐艺人到家族事业

位于大阪的户外运动用品企业乐格氏公司的副总经理柴田晋吾原本是娱乐组合——闹市区组合中滨田雅功的经纪人。因为父亲在担任乐格氏公司总经理之后对他说"娱乐艺人和户外运动都算是娱乐"，他才有了不一样的职业生涯。

乐格氏公司是知名的产品针对户外运动新手的企业，主要产品是帐篷、烧烤架等，由在海外的合作工厂生产本公司的商品；除了在运动用品专卖店和家居中心销售之外，还拥有约40家直营店。对柴田晋吾来说，他从小就是相伴乐格氏公司长大的。他曾说过："直到初中一年级之前，我都以为乐格氏公司是和耐克、阿迪达斯并列的世界三大品牌之一。"公司的创始人是他的曾祖父，一直到他的祖父那一代，都是以船具为主打产品，他的父亲进入公司后才开始生产户外运动产品。身为创意人，他的父亲身先士卒，亲自参与产品开发，成功实现了企业产品更新换代。

在孩提时代，他的父亲一直忙于工作。有一次他和母亲参加企业内购，看到父亲忙得汗流浃背，身上穿的保罗衫都湿透了。母亲对他说，父亲一直都这么努力，这让年幼的柴田晋吾觉得父亲非常帅气。不过，在他的记忆中，他与父亲一起外出游玩的时光仅有一次,还是兼做帐篷测试的露营活动。那一次,早上4点他就起床,跟着全家一起去了就在家附近的琵琶湖露营地。

高中时,他进入父亲曾读过的同志社大学附属学校,并加入了橄榄球部。虽然没机会参加比赛,但他一直保持着乐观积极的心态,对此并不在意。高中三年级时,他第一次参加了"再胜一场就能获得春季大阪府大会优胜奖"的比赛,可惜"直到结束都只得了1分,并且输了"。进入同志社大学后,他依旧选择了橄榄球部,且有机会参加了1队的训练。但最终因为要组建夺冠队伍,能力不够出色的他只能忍痛退出。在大学4年间,他只有这一次有幸进入一队。不过,回顾这段经历时他表示:"我喜欢团队运动,总觉得自己能有上场的那一天,所以一直都挺开心的。"

而这时的乐格氏公司正处于拿不到应收账款的艰难时期,他的父亲宣布"要一口气实现I字型恢复",并以物流改革为杠杆让业绩逐步恢复。由此,他觉得父亲很帅气的想法也在不知不觉之间变成了"想和他一起工作"的念头。但他并没有打算大学一毕业就进入乐格氏公司,原因之一是他想去业界一流的企业工作。他认为:"我打橄榄球没能成为顶尖选手,乐格氏公司也不是户外运动用品业界的顶尖公司。所以,我想了解'站在顶端的风景'是什么样的。"后来,他被从事电机制造的大公司录用,这让他的母亲尤为欣喜。

另一个原因则是,他想了解电视世界。乐格氏公司曾在电视上做过广告,也有一些出现在电视节目中的产品取得了不小的市场反响。这让他对电视的影响力产生了兴趣。于是,他应聘了吉本兴业负责的节目制作的职位并顺利获得了最终面试。在面试之前，他向父亲讨教经验，问道："怎么做才能被录用？"他的父亲回答："你可以试着表示'如果贵公司能聘用我，那我可以当即拒绝其他企业的聘用'。"他按父亲说的去做了。在紧张地等待面试官回应时，咖啡店的女店员端着咖啡走进了接待室。在那里，面试官喝了一口咖啡后说道："那我们继续聊？"这句话让他大大松了一口气，谈话时整个人也放开了。快结束时，面试官说："你很有趣，就算落选也可以做演员。"面试结束后，他虽然坚信自己会被聘用，但当两天后告知是否录用的信寄到时，他依旧很紧张。就在他慌慌张张地想要确认时，送信的人提前告诉他："你已经被录用了。"

在选择是入职大型电机制造公司还是吉本兴业公司时，他犹豫了一个月。他的父母未对此发表任何意见。最后，他选择了吉本兴业公司，因为他认为："虽然家业是物品制造，但其他行业也很重要，也许能从中有新的发现。"得知他的答案后，他的父亲笑道："你是认真的吗？"他的母亲也笑道："你自己的人生自己决定吧。"

❖ 做背后人的5年

进入公司后，柴田晋吾被安排担任经纪人一职，开始每天在电视台和剧场之间来回奔波。娱乐艺人大都充满了热情和上进心，受欢迎的相声组合演员甚至会因为正在热烈讨论某个哏而觉得吃饭时间太浪费，直接点外卖牛肉盖饭，边吃边练段子。资深相声组合演员会在舞台结束后就聚在一起花30分钟时间分析当天的表现，且不准任何人靠近。柴田晋吾本以为自己对橄榄球的热忱已经相当高了，但与这些人比起来还远远不够。这些人对工作的热忱足以带动周围大多数的工作人员。经纪人的业务包括在艺人身边做辅助工作、与工作人员接洽、管理日程、交涉演出费用，等等。前辈们曾向柴田晋吾传授经验："勤奋、细心、热爱，缺一不可。"柴田晋吾先是在大阪担任南海糖果、中川政七家、足球时间等组合经纪人，后被调到东京，担任闹市中心组合中滨田的经纪人。他不仅要绞尽脑汁地思考怎么推出娱乐艺人，有时还要负责其他演员和偶像组合的演出事宜。"忙归忙，但能近距离听艺人讲段子也是很开心的事。"他说道。

其实，柴田晋吾本打算在吉本兴业公司工作5年。"我还是想进入父亲的公司，与他一起工作，所以一开始认为5年刚刚好。"即使逐渐被委派重要工作，自己也越来越体会到了工作的价值，但他的决心并没有改变。不过，当时他并没有告诉家人自己对于家业的想法。一直到了第5年，他打算与后来成为他妻子的女性结婚时才告诉了父亲，没想到得到了出乎意料的回复："你对家庭、对乐格氏公司有什么想法？"这是他的父亲第一次询问他关于事业继承的事，他的父亲也可能一直在等待着这个时刻，想知道他今后的追求。听到这句话的时候，他情不自禁地落下泪来，随即坦率地表示："请让我继承家业。"由于当时哭得太厉害，他甚至忘记了父亲是如何回答自己的，但父子之间的情感在这一刻彻底融合，他被允许进入父亲的公司。

在吉本兴业公司就职期间,柴田晋吾从未向艺人提起过家业的事。公司里名叫许可证组合的两个搭档曾问他:"你父母是做什么的?"他竟以"做帐篷的"含混了过去。有一天,"脱口秀"节目完成后他们一起吃饭,他告诉这两人"我要回去继承父亲经营的乐格氏公司"时,他们才大吃一惊。当时许可证组合刚为能进入人气节目《M-1大奖》的决赛而高兴,他在和他们坦白时也是泪流满面。闹市中心组合的滨田从上司口中得知他要辞职后,在某次活动结束时当面对他说:"听说你要辞职了。我看得出你并不讨厌现在这份工作,一直很努力,也给了我们很多帮助,我非常认同你的工作能力。虽然以后不能共事了,但并不意味着就断了缘分,今后还是得请你多多关照。"闻言,柴田晋吾号啕大哭,之后又在与艺人告别时哭了好几次。他回顾这段经历时自嘲道:"当时在家里,说梦话都在说'我不想辞职'呢。"随着离开公司的日子越来越近,公司总务负责人告知他要尽快提交辞职信,这让他大吃一惊,因为他在3个月之前就已经提交完毕了。经过确认他才发现是上司弄丢了,于是又重新提交了一次,由此结束了在吉本兴业公司的经纪人生涯。

❖ **"搞笑和烧烤都是娱乐"**

新婚旅行过后,在进入乐格氏公司之前,柴田晋吾想起了父亲说过的话:"我并不指望你能扩大企业规模,最重要的是让公司存活下去，这对于员工和公司而言是最好的事。因此，虽然我们现在的主导产品是户外运动用品，但也不必吊死在这棵树上，现在的乐格氏公司有能力和余力去思考今后该如何存续。"

根据自己先前的工作经验，他选择了从广告负责人的业务起步。考虑到一入职就指派别人工作，有些不太妥当，于是一边完成自己的工作一边摸索学习。除了重新审视公司官网、制作网页杂志之外，他还为提高品牌知名度向音乐庆典节目提供赞助。

从华丽的电视世界回归家族事业，柴田晋吾不是没有感到迷惑的时候。与做经纪人时相比，手机接收到的电话一下子少了很多，这让他忽然感觉有点寂寞。原本应该对电视没有留恋了，所以有半年左右的时间，他都不想看综艺节目。他的父亲也曾提醒他，新工作与先前的工作不同，所以说话方式不要太过啰嗦，应当更直接一点。好在他拥有积极乐观的心态，这些困难也就都被他一一克服了。后来，他受邀担任许可证组合"脱口秀"节目的嘉宾，并聊到了烧烤的话题。在谈笑间，他突然醒悟过来："其实搞笑和烧烤一样是娱乐，乐格氏公司也一样可以让大家感到快乐。"他买了好几本笔记本，一一列举本公司有的东西、其他公司有而本公司没有的东西，并记下"我可以做什么"。不久后，他感到自己的经营知识不足，又进入同志社大学研究生院的商学院就读，并受到京都老字号的经营启发，从中了解到家族企业的优势与弱点。

身为第四代的柴田晋吾尽力将眼光放在未来，也就是专注于开拓新顾客。他认为，既然企业主要是销售面向运动新人的户外运动用品，也就表明喜欢户外运动的人的增加关乎企业的未来。他的想法是："让对露营没兴趣的人也爱上这项活动。"于是，他利用在吉本兴业公司累积的人脉，开始制作用于店铺播放的原创节目，不少艺人旧识都友情参与了该节目。此外，他还在直营店设置了为小孩准备的猜谜游戏，他笑称："虽然工作地点改变了，但工作对象没变。"

　　柴田晋吾于2016年就任总经理，虽然对经营的看法有时与父亲不同，但双方会商量讨论，父子之间所聊的话题几乎都与工作有关。他依旧与经纪人时代的艺人们保持联系。在研究生院进修时，他告诉滨田说自己正在上学，滨田回了声"你吗？"两人便一起大笑起来。艺人们至今仍然能给他带来许多灵感。

原本是宝塚艺人的女继承人，被指责为"玛丽亚·安东尼特式思维"

家族企业子弟在追求自己的梦想后重新回归继承人道路时，大多数人在一开始都会因这种生活上的反差而痛苦。赤城食品公司（位于前桥市）常务董事远山昌子曾经是宝塚歌剧团的一名出演男角的女艺人，艺名叫遥海大罗，离开舞台后，进入父亲经营的公司。她拥有特别的职业经历，在进入截然不同的领域后，全靠自己摸索着前进。

赤城食品公司是一家超过120年的老字号腌菜公司。该公司第一个开发出酸甜爽口的"脆脆梅"的人是第四代总经理，也就是远山昌子的祖父。如今担任总经理的是远山昌子的父亲——公司第五代继承人。公司有员工约30人，总公司工厂位于群马观光线一带，在这里经常能看到乘坐旅行大巴前来参观的游客在参观完生产现场后购买脆脆梅的情景。

远山昌子出生于1979年，家和公司都在同一块宅地上，家人有祖父母、父母、两个哥哥和一个妹妹。小时候她经常和妹妹偷偷溜进公司与员工们一起玩，也会与员工一道参加旅行。她的生活与公司几乎是密不可分的，也就自然而然地产生了"我家公司"这样的意识。不过，当与哥哥们聊天时得知，家族将来会指定二哥为公司经营管理继承人时，她也就不再考虑公司经营和继承方面的问题。

远山昌子与宝塚歌剧团结缘始于小学五年级的寒假。当时，她在电视上看到了宝塚歌剧团的舞台，当即惊叹："居然有这样的世界！"不久，她又因观看了宝塚歌剧团在群马县的公演而被彻底征服。初中三年级时，她前往宝塚大剧院欣赏了现场舞台表演，心想："总有一天我也要站在这个舞台上。"说服家人之后，她参加了宝塚音乐学院的考试。可惜的是，在两项考核的初试时她就被淘汰了，只得进入当地的女子高中就读。

但远山昌子的决心并没有改变。她以音乐学院为目标，每天都从所住的前桥前往东京永福町的芭蕾教室上课，仅往返的时间就达5小时。每当学校放学铃声响起时，她就回家换掉书包，然后前往东京，完成课程后再返回前桥——每天返回前桥站时都差不多是零时二十分。所幸的是，她的母亲会不间断地来接她。就这样，她又参加了宝塚音乐学院的两次考试，但是，仍然在初试时就被淘汰，没能进入复试。临近高中毕业时她也开始考虑报考大学的问题，但对她来说，一旦高中毕业就意味着失去参加宝塚音乐学院的考试资格。为此，她下定决心："既然这是最后的机会，追两兔不得一兔，只能舍弃一兔。"随后，她全身心投入芭蕾课程，终于在第四次考试时合格了。

虽然她早就从芭蕾教师前辈口中听说过音乐学习的生活十分辛苦，也对此早有心理准备，但学习的严苛程度还是远远超出了她的想象。比如，每天都要花1小时20分钟打扫同一个地方，顺序和方法都有严格要求，如若有所差错，留下一点点污渍也会受到严厉的指责。不仅上下关系严格，其他各方面也非常辛苦。但她以"既然花了4年的时间才能走到今天，再辛苦也不能放弃"的想法坚持了下去。虽然学校是通往华丽世界的入口，但求学过程中她学到了毅力和永不放弃的精神。

但即使如此努力，远山昌子在音乐学习的最终考试中仅列同期43人中的第32名。这并不是她想要的结果，并且在新人公演中她也未能像其他同期学生一样出场——即使出演了喜欢的节目，也与自己喜欢的场面擦肩而过。当时，她每天都为此懊悔不已。

转机来自活跃于舞台上的一位前辈的一句话——当自己得到不理想的结果时，每天靠参加自由课程来渡过难关。远山昌子终于醒悟："既然这么厉害的人都有过这种遭遇，考试4次才合格的我显然是天分不够的，就只能靠以勤补拙了。"她参加了自由课程，第二年成功升到第十六名，第三年又提升至第八名。渐渐地，她出演自己喜欢的角色和喜欢的作品的机会增多了，迎来了站在舞台上的第四年和第五年，每一天都过得很充实。

不过，虽然自己能成为歌手选拔节目的演唱会成员之一，但周围才华横溢的人实在太多了。远山昌子在发现自己成不了宝塚歌剧团中所谓的"路线明星"后，下定决心："既然成不了第一，那就成为唯一吧。"周围的人都认为她有希望担任从各组老艺人中选出的"组长"一职，她自己也认为有这个机会并能胜任该职。

就在这时，她的母亲打来了电话，告诉她一直致力于开发脆脆梅而长期患病的祖父病情恶化，随时都有可能倒下。母亲的本意只是想告诉她家中的近况。不过，赤城食品公司的情况在她不在期间已经发生了变化。原本应该成为公司继承人的二哥进入大学后找到了人生新目标,并为实现新目标而奋勇向前;大哥也有自己的理想;而妹妹性格内敛,也不是适合做经营者的人。这样一来,公司经营就后继乏人了。

离家独居的远山昌子也知道祖父最近絮叨不停的是"我一手创建的公司以后该怎么办呢"。从小祖父就很疼爱她,而且直到高中毕业都生活在一起,所以在母亲挂断电话后,她开始认真地思考:"如果祖父带着遗憾离世,我会不会后悔呢?"公司没有继承人,也就意味着公司无法存续,自己再也吃不到最爱的脆脆梅了。那自己能做什么呢?此时,她在宝塚的每一天都过得很快乐,并坚信自己"有朝一日一定能成为组长"。家业的危机与对宝塚歌剧团的留恋让她非常痛苦,直到一周之后她才终于做出决定:"回家继承家业。"虽然在宝塚歌剧团还有未完成的心愿,但她认为自己已经亲身体会过梦想中的舞台,而"我家公司"则有可能就这样消失;即使让已经另有追求的哥哥做继承人,也只是勉强继承家业,那倒不如让有心继承家业的自己来做。不过,她没有将自己的想法告诉任何人。后来,当她回顾这段经历时,她认为自己是"突然觉悟,突然决定"。

❖ "目标不是组长,而是总经理"

休假回到老家,所有人围在一起吃饭时,远山昌子将自己的决定告诉了家人。听到她突然宣布"我要退出宝塚回公司上班"时,两个哥哥和妹妹都大吃一惊，连忙问道："真的可以吗？"并表示"也太可惜了"，劝她再考虑一下。但她的主意已定。祖父虽然只说了一句"是吗"，但脸上露出的是掩藏不住的欣喜。而祖母和父母则是静静地接受了她的决定。

其实，在宝塚时，远山昌子就想过"是否真的要继续从艺这条道路"——因为自己一直无法破茧成蝶，又太过在意他人的眼光。但她绝不是怀着负面情绪决定离开宝塚歌剧团的。当她偷偷告诉同期艺人自己的决定时，对方吃惊地说道："我以为你会一直待下去的……"但她的心态很明朗。与她交好的组长也曾笑着调侃："你明明说过，要努力当上组长的。"她则幽默地回答："我的目标不是组长，而是总经理。"退团公演一共持续了半年左右，其间的每一天都过得很充实。极少出现有人为继承家业而退出宝塚歌剧团的先例，大多数人都对她表示了支持。最后一天，她的化妆台被装饰得一片雪白，外面小卖店里出售的脆脆梅也在不知不觉之间销售一空。

2005年，25岁的远山昌子在退团两周后进入父亲的公司。虽然已经决定担任公司总经理，但她毫无商业经验。怀着不安的心情第一次踏入公司后她发现，原本熟悉的环境变得冰冷又安静，有的员工冲她窃窃私语："她究竟是来做什么的？"实际上，她不知道该如何在公司开展工作，也不知道该如何与员工交流，甚至连该怎么站都手足无措。她按父亲的指示从生产、直营、销售等事务入手积累经验；但即使有心努力，也不知道该做什么，所有的勤奋看起来都是白费。她在产品开发会议上提出：开发更为年轻化的包装、推出高级商品套餐。但这种靠拍脑袋推出的产品根本卖不出去，以致花费大量成本制作的外包装堆积如山。遇到与客户产生纠纷时，她抢在认真商讨对策的父亲之前胡乱发言，以致被员工嘲笑是"玛丽亚·安东尼特式思维"。第二年，父亲怀着"职位也许能激发自觉和决心"的想法，将她升任为常务董事，但员工们汇报工作时总是径直略过自顾不暇的她，直接提交给了她父亲。不知道自己该怎么做才好，她有时甚至会彻夜痛哭。不过，她认为既然自己已经做出了决定，就不能逃避。

父亲鼓励她："既然我都可以做到，你就一定可以做到。"这让她颇感欣慰，但经营知识不足也是事实。她十分后悔没上大学学习或先完成经营培训再进入公司，当听说函授制大学也能学习经营后，就立刻申请参加。她坚信，这不仅对自己有益，对公司更有益。于是，她钻研课题，努力掌握经营基础知识，最终顺利毕业。毕业后遇到的问题是，不知道该如何把理论知识用于实际事务。为了获得灵感，她参加了在东京召开的不同产业交流会，不过由于地点与企业规模不同，很难吸收学过的东西。

恰在此时，曾经在宝塚歌剧团的经历以意想不到的方式为远山昌子打开了突破口。有一天，她受人委托前往群马的涉川市演讲，介绍自己在宝塚歌剧团获得的经验。一对十分钦慕远山昌子的母女听闻这个消息后特意赶来，听完她的演讲，回到家中就与家人聊起了她。结果，女孩的父亲听了后也对她产生了兴趣，而他也是一家公司的总经理，同时还是群马县中小企业家协会的成员之一。次日，他前往前桥市造访了远山昌子。随即，正在寻找学习对象的远山昌子也顺理成章地加入了中小企业家协会。就这样，她与当地有着同样烦恼的中小企业经营者交上了朋友，一起研究经营方针。

作为继承人，远山昌子一步步成长着。她一边与父亲商讨，一边提出了产假和将打工人员录用为正式员工等机制，并推行录用新人，向员工公开经营数据等。

❖ 告慰祖父的两件事

宝塚歌剧团还带给远山昌子一次重要的邂逅。与远山昌子同一时期离开宝塚歌剧团的前辈称她为"退团同期生"，结婚时邀请她参加婚礼——正是在这次婚宴上她邂逅了后来的丈夫。不止如此，她退团后开始在宝塚剧场出售赤城食品公司生产的脆脆梅，这不仅是出于中小企业经营的目的，更是因为"在宝塚学会的永不放弃的精神和毅力让我一生受益匪浅"。在她积极准备成为公司第六代总经理期间，开发出脆脆梅的第四代总经理，也就是她的祖父去世了。为远山昌子进入公司而欣慰不已的祖父在出版记录自己与疾病奋斗的书时，曾亲手写下"以后就交给你了"这句话并递给她。祖父临死前，她通过祖母向祖父介绍了自己后来的丈夫，说他是与自己约定未来的人；她的祖父听了，说的最后一句话就是："那这个人以后也会成为腌菜家的人了吧。"虽然太过匆忙，但她相信，祖父去世时应该不会再担忧公司的未来和家人的未来了。

作为第五代的父亲开始将更多的工作交付给远山昌子。她的丈夫有自己的工作，最终没有进入公司任职，但她的大哥已回到公司帮忙。远山昌子现在有两个年幼的女儿，偶尔也会带她们到公司内玩耍，希望她们和自己一样将公司视作生活的一部分，并期待着有一天能与女儿们共事。

身为继承人，每当远山昌子感到痛苦时，就会去看宝塚歌剧团的舞台剧。随着剧情展开，刚来时消沉的心情很快就会变得明朗起来，待到结束时就能乐观地鼓励自己"明天继续加油"。远山昌子认为脆脆梅也能让顾客充满活力，重获喜悦。"在让人展露笑容这一点上，宝塚和脆脆梅是一样的。"正因如此，她提出的经营理念是："传承笑容，创200年企业！"从2015年开始，员工在每天的早会上都要朗诵这句话。远山昌子微笑着表示："这不仅能与员工共享理念，还能让我确认自己的决心。"

长时间的后悔——街道工厂的热血第三代依靠中学课本复活

"如果没有继承家业就好了。"不少继承了家族企业却对面临的问题手足无措的继承人都会这么想。深中镀金工业公司（位于京东墨田）的总经理深田稔曾经就是这类人之一。在企业遭遇连续的纠纷时，他一度后悔继承家族企业，但通过重读中学课本，一步步提高自身能力，终于让公司起死回生。

当时，镀金产业的订货方逐渐变为海外用户，日本国内订单日益减少。该产业中，中小企业占绝大多数，不少公司根本不觉得产业能恢复景气，以及由此带来生机。深中镀金工业公司位于旧中川政七附近的中小制造业聚集区，员工仅有11人，规模很小，但拥有核心技术，能完成其他企业做不到的高难度加工，近来正致力于与基础建设相关的产品。公司第三代总经理深田稔在2011年获得了东京商工会"勇气经营大奖"优秀奖——该奖用于表彰敢于挑战的中小企业。2013年，时任首相安倍晋三还来公司视察过。

深田稔的父亲于1952年创业，从小就开始工作，以支撑6个兄妹的生活。他积极录用与自己有同样境遇的年轻人，让公司承担大半数员工去定时制高中学习的费用，甚至当听说员工需要盖房子时，善良的他也会资助部分费用。公司组建棒球队时需要比赛对手，他对熟人打了声招呼就凑够了10组球队。每周六的中午，深田稔的母亲都会用大锅做咖喱饭，不仅要供家人和员工食用，还让交易负责人、在附近溜达的自来熟、运送业的工人聚集过来，大家一起和乐融融地吃饭。晚上也经常有客人来访，下町的街道工厂充满了人情味。深田稔出生于1964年，上中学之前住的地方就在公司附近，从小就对公司非常熟悉；不过，因为家里还有哥哥姐姐，很早就听说将来由哥哥继承家业，并且由于当时公司内的另一位长辈经常与父亲出现意见冲突，所以还是小学生时他就认为如果哥哥继承家业，自己再进入公司的话就会出现同样的情况，所以下定决心将来绝不在公司工作。

中学时代，深田稔担任了学生会主席。当时，一部名为《3年B组金八先生》的电视剧十分火爆，该剧播放时，校园暴力已成为社会问题。受到学生拥戴的深田稔有时也会被老师叫去，手持木刀赶走其他学校的学生。同一时期，他还在父亲的公司打工，体会到了工作的辛苦。在目睹年龄相仿的员工每天拼命工作和学习的情形的同时，他完成高中学习，并进入大学学习。不久，他的哥哥如同预定的一样继承了家业，而他在大学毕业后进入某大型食品制造公司就职，并被分配到名古屋分公司，远离了家乡。

然而，就在他在销售方面崭露头角时，却发生了意想不到的事情。他的哥哥突然离开公司，并且从此杳无音信。他的母亲开始频繁地给他打电话，虽然没有明确地说出"快回来"这句话，但他知道家人需要自己。这时，他脑中浮现出的是默默工作的员工的身影。"我能够上大学,都是因为员工们拼命工作,这次轮到我来帮助他们了。"

虽然以意料之外的方式参与了家业,但之后他要面对的才是真正的难关。他的父亲在医院做检查时发现得了重病,住院后仅3个月就去世了,刚进入公司的他没来得及接手父亲的所有业务。虽然原本担任会计的母亲升任为总经理,但几乎在同一时期,因一家由父亲做担保人的公司破产,导致自家背负了3亿日元的贷款。"我为什么要继承公司呢?""明明不是自己的错,为什么会变成这样呢?"他为自己选择了继承人之路而后悔不已,无数次地想辞职,想撒手不管。

❖ **下定决心"勇往直前,绝不回头"**

转机来自他接受了现实。既然背负巨债、业绩下滑已成事实,那么只知抱怨是没用的;既然公司里还有员工,已经无路可退,就只有下定决心"勇往直前,绝不回头"。领悟这一点之后,他反而看清了现状:公司的困境固然是受到了行业不景气的影响,但根本上还是技术方面出了问题。由于从小没考虑过继承家业,他也就没有掌握镀金的相关知识。

最后,深田稔得出的结论是:"欲速则不达"——即使花费大量时间,也得先掌握技术。而作为基础知识的化学已经被他彻底遗忘了。于是,他做的第一步就是先找出中学的理科课本,重新背诵元素符号,同时去都立产业技术中心学习。另外,他还积极向深中镀金工业公司的药品制造负责人求教。渐渐地，他开始能弄清产品不良的原因，但还无法提出什么特别的见解。他重复着最简单的操作，一边思考一边继续积累经验，甚至工作到彻夜未眠。通过基础积累，他终于入了镀金产业的门，能够回答同行们针对技术的相关提问了。

但无论拥有多少技术，卖不出产品就无法让公司起死回生。于是，在交货时他就向交易对象询问自家商品的问题，从简短的对话中收集顾客的信息，并根据顾客反馈的信息提出解决办法——开发超薄膜加工技术。另外，公司还推行降低顾客成本的机制，开拓新需求。就这样，与顾客积极协商带来了更多订单，贷款最终还完了。2009年，深田稔接过了母亲的经营权，就任第三代总经理。他坦言："能坚持下来，并不是因为这是父亲的公司，也不是为了家人，只是因为员工还在，还有贷款要还，所以我拼死也要让企业生存下去。"

❖ "不知不觉间开始做和父亲同样的事"

很久之后，深田稔才知道父亲早已经开始研发新技术、涉足新领域，这与他进行各种尝试的做法不谋而合。他与父亲的共同点还不止如此，他的善良也与父亲如出一辙。比如，上定时制高中的员工不会分式计算，他就会利用休息时间教他们通分的顺序。不少员工也因此体会到了学习的乐趣，得以进入大学深造，毕业后有人当了教师，开始了新生活。另外，去定时制高中上学的一位员工每到发薪日就会在午饭时被同学叫出去，逼他交出薪水。他听闻此事后，叫来了4位员工，委托他们前去解决此事。这4人原本在中学时代就是不良少年头目，所以，轻而易举就将薪水给要了回来。

随着定时制高中的上课时间变更和整合，公司所采用的人才也逐渐发生变化，但深田稔的善良一直不曾改变。他每天早晨6点上班，除了亲自制作员工研修安排表之外，还向员工介绍自己公司的镀金能用于F1赛车和宇宙空间站，提高员工对工作的认可度和积极性。对于墨田区的年轻继承人，他也以自身的经验对他们提出诚恳建议。深田稔回顾自己意外的继承人之路时这样说道："我几乎没有和父亲共事过，但如今回头来看，我其实在做和父亲一样的事。"

稻田家居用品公司总经理的独子前往中国

随着占家族企业大半数量的中小企业逐步走向海外，家族企业的经营者将子女送到海外工厂或子公司的情况也越来越多。这些子女在海外企业担任经营者时可能会遇到超出日本规则的难题。不过，直面这些难题就能提高适应能力，对企业在海外开拓未来等很有帮助。

稻田家居用品公司（位于大阪市）是按摩椅的专业制造商，是日本在该领域的三大公司之一，主要销售平均价格在25万~30万日元的高端产品。稻田壮秀生于1977年，他的父亲是创始人，兼任总经理，稻田壮秀本人现任董事，进入公司后的大部分时间都负责海外部门，在推进位于中国的工厂制造部门改革的同时，也开拓美国等海外市场。

直到小学毕业为止，稻田壮秀家后面都是工厂，他也在这种环境里长大。小时候，每次去叫父亲吃午饭时都得去公司，经常赶上父亲正在开会，作为独生子的他就坐在父亲的膝盖上听父亲以严肃的口吻下达指示，他就安静地等待会议结束。后来，他的家搬到了远离工厂的地方。长大进入青春期时，身为初中生和高中生的他对当时公司名称中的"家居"和按摩椅这个产品都觉得很丢脸。后来，父子之间逐渐疏远，大学时代的他沉迷于空手道，毫无继承家业的念头，而父亲也从不说什么。临近毕业时，他曾想过走空手道专业之路，但最终还是决定进入与教育相关的公司就职。

稻田壮秀被分配到鹿儿岛，负责上门销售学习用教材。用了1年左右的时间，他就基本习惯了工作。有一天，偶尔去逛家居市场时他发现正在展示按摩椅。他心想："会不会是父亲公司的产品呢？"凑近一看，果然是。这让他发出"出乎意料的厉害"的感叹，同时，又为这突然的"重逢"感到莫名的开心。不久，他的父亲前来鹿儿岛参加由稻盛和夫担任名誉会长的盛和塾，顺便处理一些相关事宜。久别重逢的父子有机会在一起吃饭。席间，也不知道为什么，他不由自主地向父亲请求："我想回公司工作。"后来回想起来，他认为是："也许是在家居市场看到按摩椅，这成为诱因，让我感到自己应该回去。"

他的父亲同意了请求。于是，2002年，他就进入稻田家居用品公司。进入公司之后按照重视现场管理的父亲的指示，他被分配到鸟取县的工厂，一边担任检查员一边学习制造技能。不久，一位大企业出身的主管为改善业务前来工厂听取员工意见，他负责协助，做会议记录，将录有反馈意见的录音带整理成文字。入公司刚过1年，该主管为进一步改善业务前往中国工厂时，他负责陪同，这也成为日后他频繁处理海外业务的第一步。不过，当时他除了新婚旅行外，根本没出过国，能做的事情有限。但这位主管表示"先从积累次数开始"，即使失败也要稳步吸取经验。得知中国的供货商方面出现了问题，稻田壮秀在3天内挨个造访了10家供货商，不停地进行短期出差。

很快，稻田壮秀发现要真正实现品质改善，就必须培育当地的检查员。"这样一来，以往的工作流程就可以直接交托给当地检查员完成了。"由此，最初需要长期出差的他不再需要领取出差津贴了，当他回过神来时才发现，自己已经进入公司约两年，在20多岁的年纪就成为工厂责任人。"随着投资的增多，我在逐渐习惯当前工作的同时，也开始在中国发展真正的事业了。"

❖ 被1000多人包围

不过毫无经营经验的稻田壮秀在工作中也并不是一帆风顺的，或者说大多数时候他是摸索着前进的。"因为实力不足，也下达过错误的指示，也做出过影响效率的决策。虽然因此而失去自信，却极力掩饰，虚张声势。"当时，每月造访一次的父亲每次都会严厉地指出他的问题，虽然明知自己的不足，但被人直接指出还是让他觉得很难堪。他从减少作业损耗等基础做起，逐渐掌握整体状况；一开始他完全不懂中文，在工作的间隙努力自学——为了提升语言水平，他在空闲时听中文歌，抄写歌词，以自己独有的方法来学习。好不容易适应工作后，2006年他又要面对事业结构的重新调整。当时，位于中国的两个工厂都成为裁员对象，稻田壮秀虽不到30岁，却不得不作为经营者站在劳资交涉的最前沿。

两个工厂之一的上海工厂在高峰时期曾有1800名员工，后来需要减少至1200人，但这次计划一次性削减600人。一般这类裁员需要与劳动方的领导人商谈，但上海工厂的劳动方团体被分成了10

个，因此劳资交涉迟迟没有进展。为了打开僵局，稻田壮秀想自己直接进行说明，于是将所有员工叫到食堂集合。没想到刚开始不久，1000多人就拥到他的身边，把他和另一名日本员工以及中国律师包围得寸步难移，不少人敲打着桌子大声提出要求。他第一次体会到了被1000多人围住的"热情"。不过，也许是因为年轻，他并没有感到恐惧，只是对当时的"软禁状态"感到困惑。等劳动方都提出各自的诉求就花了1个多小时，后来人群虽然散去，但工厂因罢工而陷入瘫痪状态。

被多人包围时，他曾向当地行政部门求助，但一开始并没有动作；无奈之下他只能联络领事馆，经由领事馆传达求助信息后才得以控制事态。当地行政部门表示"你公司现在聘请的律师不够专业，最好换个人"，并为他介绍了新律师。他当即换了新律师，该律师立刻带着约20名律师分别与公司内的10个劳动团体进行交涉，最终罢工在1个月后停止，裁员相关交涉也在其后1个月内结束。"从此我才知道，在中国如果问题得不到解决，工人不会工作，所以讲道理，好好沟通是非常重要的。"

但半年后，另一家无锡工厂又出现了更大的困难。虽然该工厂只有200人，比上海少得多，但与上海工厂缩小规模不同，这家工厂要直接关闭。稻田壮秀怀着不安的心情开始了交涉，而劳动方过于激动，一些在会议室外偷听交涉状况的员工甚至多次闯入室内，最后又出现了被多人包围的情况。"如果我不出头的话也没人能做主，所以只能怀着悲壮感，硬着头皮去做。"他连着数日与律师商谈到深夜，与当地行政部门相关人员交换意见，决定关闭工厂的步骤，一步步地推进。他的父亲每天都联络他，希望他能报告具体状况，但他当时忙得根本抽不出时间。他回顾这段经历时说："正因为当时专注于解决问题，最后才圆满收尾。"虽然周围并没有其他经营者子女与他处于同样场面，但稻田壮秀毫无疑问通过克服这些困难掌握了解决危机的能力。

进入公司后到现在已经过了十几年，稻田壮秀一直负责海外事业，如今已是董事，正以上海为基础向海外发展，每个月回日本与妻子和儿子共度的时间仅有3天左右。

海外事业占销售额的3~4成，他不仅在中国进行制造改革，还着手开拓销路。2015年6月，由于"上海危机"，销量有所下降；但通过开拓网络销售，销售额又进一步大幅提高。他还致力于开发美国市场，一边与代理店合作，一边像高端汽车公司一样推广品牌，以此提高销量。如今，100万日元以上的高档产品在美国十分畅销。稻田壮秀坦诚地说道："虽然还是会遇到很多意想不到的情况，但我认为这也是好事。"

梦想成为摇滚明星的第三代，继承家业后销售额翻4倍

在梦想与家业之间挣扎的继承人不在少数。本多塑胶公司（位于爱知县新城市）的总经理本多孝充曾经梦想成为摇滚乐手，后来经过一番波折，进入父亲的公司，一步步地推进经营改革，最终让销售额翻了4倍。

本多塑胶总公司和主要工厂位于距离日本铁路公司丰桥站1小时车程的安静田园一带，是一家由本多孝充的祖父创业、父亲任第二代总经理的家族企业。总公司所处的三河地区就在丰田汽车公司旁边，他的父亲曾受到丰田零件制造商邀请——希望其公司能成为丰田旗下的分包公司，但他的父亲拒绝了，这让周围的人都十分惊讶。对此，他的父亲表示："我不想按别人的指示做事。"因此，他的父亲选择了让自己的公司作为独立制造企业发展下去。

本多孝充出生于1969年，进入公司两年后就从父亲手中接过了大部分经营权。他对极度依赖单品的经营方式抱有危机感，于是着手构建从设计到金属制作、塑料加工的流程体制。随着经营领域的扩大，业绩也稳步提高。本多孝充于2011年就任总经理。如今公司年销售额约40亿日元，员工约230人。

在本多孝充的孩提时代，工厂就在家后面，离得非常近。父

亲招收了许多当地人，公司与地区的联系极为紧密。员工大都是本多孝充朋友的妈妈或邻居，每到午餐时都要先收拾工作用的桌子，本多孝充也会和员工一起吃饭，大家还会将他最喜欢的"日之丸盒饭中被梅干染红的那部分米饭"让给他吃，他也会参加员工旅行等活动。父亲经常对他说："将来你会继承公司。"与大都市不同，新城的人情味很重，所以就连附近的人和学校的老师都常对他说："你一定要成为一个好总经理。""将来得由你继承了。"而本多孝充在与家人一起去美味的餐厅吃饭、一起去高级宾馆住宿的过程中，自然而然地将家人的生活与父亲的公司联系到了一起，在不知不觉中也认为自己继承家业是理所当然的事。

在高中进入叛逆期后，本多孝充与朋友组建了乐队，便无心学习，原本不错的成绩一落千丈。他在乐队中担任贝斯手，由于小时候学过古典吉他，所以很快就上手了。受喜欢音乐的姐姐影响，他沉迷于重金属摇滚和朋克摇滚，频繁出入丰桥的音乐厅进行表演。他当时喜欢的是芬兰河内摇滚（Hanoi Rocks）乐队——他们不仅音乐出众，外表也十分帅气，所以很受欢迎。本多孝充开始模仿他们进行化妆和染发，虽然母亲抱怨他"为什么要做这种事"，但父亲只是笑着不说话。后来，本多孝充的乐队在音乐比赛的地区大会上获得优胜的成绩，还出演了当地的广播节目。

本多孝充参加表演的音乐厅也有来自东京和大阪的乐队进行巡演，他和其他乐队成员经常负责帮忙；后来，还有世界性的乐队来这里演出，本多孝充很幸运，偶尔与其中的成员有少许交流，觉得对方实在是太厉害了。虽然疏忽了学业，但他并没有与父亲的公

第三章 个人梦想与家族之情 | 081

司疏离，依然会参加公司活动，与员工打成一片。之后因大学肄业前往东京，他更以音乐为中心了；依旧进行乐团活动，但更热衷于独立地用吉他或钢琴作曲，几乎是着迷了一样每天都沉浸在音乐的世界里。他打算以后以音乐为工作，并认为只要继续坚持就一定能做到。

改变来自进入父亲所推荐的短大（日本二年制大学）举办的短期继承人培养课程。当时他穿着黑色紧身裤，留着长发，以一副摇滚时尚的打扮上学，而短大位于自由之丘，从一开始他就感觉自己格格不入。但开始上学后，他发现课程中与商业直接相关的市场营销和经营战略等内容是自己"从小就熟悉的世界"，与高中所学的东西不同，是"与现实相关的内容"。他感到非常有趣，加之同级生大多也是继承人，这也带给了他一定动力。

❖ 音乐以意外的方式引导他走向了另一条路

当然，对音乐的热情不可能就此消失。本多孝充依旧继续用钢琴和吉他奏曲，还是想将来成为音乐家。他通过各种媒体得知，也有"一边经营公司，一边实现在音乐上成名"的人，"一边开展艺人活动，一边经营公司"的人。于是，他不再一边倒地选择音乐了。他甚至觉得"如果能在经营的同时以音乐成名，那么这也能带动公司出名"。

临近毕业时，音乐以意外的方式引导本多孝充走向了另一条路。以超音波应用产品闻名的本多电子公司（位于爱知县丰桥市）

的创始人是本多孝充的叔叔，他在各领域都有很深的造诣，很受本多孝充尊重。一天，叔叔和脑科研究者喝酒时，刚好本多孝充也在场。他让本多孝充唱首歌给大家听听。听了他原创的歌曲后，在座的那位研究者似乎感到很放松，说道："你的歌里有阿法韵律。"连唱几首后，一直旁听的叔叔便开口邀请本多孝充："好像挺有趣的，要不要来我的公司做事？"本多孝充当即接受了邀请。公司以技术见长，一开始让他不知所措，但被分配到销售部门后他很快就发现了工作的乐趣，短时间内就受到了公司表彰。负责与大客户打交道两年半之后，本多孝充发现了自己的不足：不会说英语、商业知识欠缺，这影响了工作效率。

由此，他想进一步学习的愿望日趋强烈，向父亲提起后也得到了赞成，加之喜欢英国摇滚，所以就将留学目的地定为英国，并把这些告诉了叔叔。叔叔听闻后表示："虽然很遗憾，但这样一来今后你更能担大任了。"原本计划是上两年语言学校后就回国，但他想进一步进修，又进入英国大学读MBA（工商管理硕士研究生）课程。在与来自世界各地的学生交流的同时，他也有机会审视自己所走过的路；在接触了成熟的欧洲文化后，他产生了想在英国工作的念头。

就在此时，从日本传来了叔叔去世的消息。备受打击的本多孝充当晚彻夜未眠，一直眺望着星空。虽然当时正在准备毕业论文，但他还是暂时回国参加了葬礼。他去了父亲的公司收集资料作为论文的参考，刚好此时父亲正准备筹建新的公司。与熟识的员工聊天后得知，公司销售额的大半都来自装修正液的瓶子，作为市场赢利主力产品，其当前业绩确实不错。不过，本多孝充却感到了不妙。英国由于电脑的普及，已经逐渐停止使用修正液，而日本的修正胶带还处在推广阶段，主力产品的需求缩小只是时间问题。在坐飞机回国的途中，本多孝充一直在思考该怎么办。他回顾了自己迄今为止的所有足迹，包括在充满人情味的新城的幼年生活、立志做音乐家、参加短大的前辈课程、在叔叔的公司为销售奔波、留学，等等。最终，他决定"将自己所有的经验与知识用于家业"，留学结束后他立即回国，怀着极大的热忱，从1997年起进入父亲的公司工作。

最初，他被任命为经营企划室主任和营业总部部长。为了让企业生存下去，他必须改变依赖单一产品的销售模式，应开发多样产品。但公司不能直接套用他所学的MBA知识。不知道该如何入手，他打算先熟悉公司，然后向员工传达自己的想法。他在早会和会议上详谈公司前景，也在公司内部报刊中发表长文，甚至还利用出差的短短两天时间与同行的员工聊天。父亲不仅从不发表意见，还很快将他提升为经理，将大半业务交由他负责。企业内很快就出现了"改变的人"，他则毫不犹豫地起用他们担任要职，进行人才培养。

要摆脱对单一产品的依赖，只能一步步来；对必要金属的内置化，最初部分老员工曾冷言讥讽"这根本做不到"，但购入旋盘后，有跳槽过来的员工自愿申请接受挑战并完成了模具，展示了"只要去做就能做到"。从2005年起，本多孝充开始大量录用刚毕业的大学生并开展了一系列活动，为此投入了350万日元，这一举措在开始时就遭到了部分人的强烈反对,认为"不如拿这笔钱去购买机器"。但本多孝充不顾反对之声,录用了与传统设计师截然不同的新人,让他们先到工厂学习、熟悉制造现场,然后分配到东京青山的设计中心。他不仅让设计师们前往销售现场,还要求他们在功能和预算上精益求精。通过一次次小成功的积累,逐渐将产品用途扩大至医疗、工具、化妆品等领域,最终完全摆脱了对单一产品的依赖。本多孝充于2011年就任总经理。

公司销售额从本多孝充入社起至今已翻了4倍,他一手策划的新产品占其中6成,最近化妆品的销量快速增长。公司在越南建有制造工厂,并且与一般制作容器的企业不同,还在东京青山开设了直营店。本多孝充充满自信地表示:"我要打造能让合作方的产品卖得更好的事业。"这也是他将销售部门命名为生产销售部的原因。

既然公司是家族企业,本多孝充也就不打算改变与地区之间的紧密联系。不过,他刚进入公司时也曾提议:"要不要把总公司搬到商机较多的东京?"令他意外的是,父亲的想法依旧和年轻时一样,但祖母劝说道:"既然在乡下能成为日本第一的公司,那你就是日本第一;在东京就算获得成功也没什么大不了的。"于是,他搁置了该计划。后来父亲对他说:"你的想法也是这样吧。"他才暗自下定决心。从此,他每周在新城总公司待两三天,剩下的时间则在各地来回奔波。对此他表示:"虽然辛苦,但公司与当地的紧密联系是非常重要的。"他希望上高中的儿子今后也能继承事业,因此也像他的父亲曾对自己那样,时时告诉儿子"你今后会成为总经理"。

继承家业后，本多孝充也没放弃音乐。他至今继续在乐队活动，并且在东京和他人共同经营了一家能进行现场演奏的酒吧。虽然不再像年轻时一样沉迷，但他并没有彻底放弃，而是找到了最适合自己的方式。年轻时的乐队同伴也被招进公司，担任技术开发部的部长。他笑道："通过音乐建立了各种各样的人脉，对于我和公司而言，音乐都成为附加价值。"

从大型企业进入家族中小企业——继承的三个成长战略

不少中小规模的家族企业,其继承人都是在大型企业工作一段时间后再继承家业的。那么,如何才能灵活运用前一职位的经验呢?瓦康(Wacon)公司(位于和歌山县纪之川市)总经理西田耕平也是在大型企业积累经验后才进入父亲公司的。该公司以前基本上只生产纸箱,现在也开始涉足生产航空包装和除纸箱之外的产品。2014年,公司销售额由原先的6亿日元提升了2.8倍,达17亿日元。

瓦康公司总部位于从日本铁路公司和歌山站出发乘电车20~30分钟的地方,四周绿树环绕,附近有纪之川河流过。西田耕平上小学二年级时,身为公司创始人的父亲去世,由亲戚接任总经理,母亲则是分公司的员工。幼时的西田耕平下意识地认为自己"将来要当总经理",但这个想法后来逐渐改变,因为他想去海外工作。为了实现这个愿望,他从一桥大学毕业后进入了正推进全球化发展的旭硝子公司。

作为上班族,他的生活非常顺利,但不久他就被调往仙台的工事公司,这也成为他提升事业的转机。该公司总经理是个思维严谨的人,并且奔走于第一线亲自下达指示。总经理的做法给了西田耕平极大的刺激，他感受到了经营者工作的有趣之处，于是开始有了继承家业的想法。

后来，各种派遣和调职也在另一方面给西田耕平带来不小的帮助，即对中小企业的实际情况有了事先了解。一般在大型企业有过工作经验的中小企业继承人进入家族企业后，会因为极大的落差而感到困惑，不明白为什么会有这么大的不同。但对于有派遣经验的西田耕平而言，这并不是什么大的问题，他进入家族企业后，较为顺利地完成了经营改革。

有了继承家业的想法之后，西田耕平就此与工事公司总经理进行了谈话，总经理的回答是："既然你打算在海外一展所长，不如先等等看。"于是，西田耕平没有立刻回到家族企业，而是先前往中国香港赴任，担任当地法人。期待已久的海外工作让西田耕平充满了干劲，度过了充实的两年时间后，被任命为当地法人总经理。虽然他已经将香港视作第二故乡，但身处企业团队中，决策权的范围受限，大多数情况下都要由总公司下达指示。这也让他"自己创造理想企业"的念头日益强烈。

在父亲创建的公司里，也有部分人一直属意西田耕平，其中一名领头员工趁他从香港回国期间邀请他一起吃饭。这人在西田耕平读小学时曾带着一起看赛车展，是他的长辈。当时公司经营状况不佳，长辈在席间表示："希望你能回来，哪怕要等很久也没关系。"而这一时期，香港也有人邀请西田耕平共同创业，这让他左右为难，为此还连续看了几本关于职业选择的书籍。当时他年过35岁，所以他最终决定："如果人生只有一天的话，那现在正是中午，也是实现理想的最后行动时机。既然父亲创造的公司在和歌山，那我就回和歌山吧。"就这样，他离开了已经工作15年的旭硝子公司，于2002年进入家族企业。

母亲当时任分公司的总经理，西田耕平一回来就从母亲手中接过了经营权，但他与继承总公司的亲戚在经营上的想法大有不同；经过一番曲折后，他重新审视了总公司与分公司的业务，重新将事业分割为两个部分；他继承了以纸箱制造为主体的瓦康公司。回顾这段时期，他表示："最终分割形式是公平的，也能够有效利用中小企业的武器，即决策速度。"

清除所有障碍的同时，经营改革也推进到了第二阶段。首先是定期召开会议，设定短期目标。由于之前公司没有明确的目标数字，所以不召开会议。这导致公司内的一部分人认为"做不做都一样"。西田耕平根据自己以往的经验，从设定预算开始，要求定期开会以确认目标实现情况。有了明确的目标之后效果显著，公司销售额很快增长了两成。

但主力产品纸箱市场面临低谷，瓦康公司所涉及的低端产品领域竞争日趋激烈。西田耕平在同一时期的新闻中得知，在都道府县的潜在成长率数据中，和歌山处于最下位，这让他产生了"再这样下去没有将来"的危机感。重新考虑事业领域后，西田耕平发现"如今已经没有单纯需求纸箱的人了，他们要的是能够安全运送产品的容器"，于是立刻踏上了进一步改革之路。

出身于大企业的西田耕平从相反的立场进行思考后认为："只有成为大企业忌惮的公司，才能生存下去。"为此，他提出了三个战略。

其一，于2008年参与包装事业，为关西机场的航空货物提供包装。其作业需要职业性技术，而西田耕平认为"劳动集约型领域是大企业很难涉足的"。由于公司内不具备这方面的技术，于是他将6名员工送到成田机场附近的包装公司，用20个月的时间学习技术。最初，公司月租金达150万日元，而月销售额仅为5万日元，公司一度陷入极为艰难的境地。不过，凭借直邮广告等手段开拓顾客，逐渐将包装业务培育成主营业务之一。

其二，开发纸箱以外的品种。西田耕平发现，虽然大企业有强大的竞争力，但并未涉足其他品种。于是，他计划开发被称作"塑料箱"的塑料运输容器。员工们一开始表示反对，认为这会导致传统的纸箱滞销；但西田耕平认为，如果被其他企业捷足先登，其结果也是一样的，所以不如自己先做。不过，包装业务只要区域不同就没有竞争，就有公司可提供协助，但塑料箱就不一样了，只能自行开发制造机器，通过网罗技术人才来提高产品性能。

其三，强化设计。这一点与大型企业相同，不过西田耕平认为："大型企业业务繁忙，在中小项目上投入的成本和时间有限，我们只要在这方面集中精力，就一定能发现机遇。"正因如此，他的公司在有大型制造商参加的设计比赛中脱颖而出，从而获得了订单，大大提高了自信心。

他让公司的所有销售员都进行电脑设计培训，为了提高企划能力还定期在公司内召开座谈会。通过这些做法，公司先后有多人在日本包装设计大赛中获奖。这些都是源于他有大型企业工作经验，还有"努力探索日本顶级水平"的直觉。根据在大企业的工作经验，他还在销售方面也争取做到尽善尽美，从几年前开始将保温箱批量化生产，并且为制造相关零件又将员工送往兵库县丰冈市的包装制造公司学习技能。

在接受持续挑战的同时，西田耕平还发现，要实现家族企业成长，仅凭战略是不够的。他表示："迎难而上必须有信念，这对家族企业的经营者而言尤为重要。"因此，他积极前往工作现场，注重公司内部交流。企业销售额从最初的全依赖纸箱产品，增长到如今在新领域中占据6成。2015年，他在东京开设了营业点，发展目标依旧是以新领域为核心，滚动发展，计划到2020年销售额提高到30亿日元。

将高达运用于经营中的街道工厂总经理
——由于父亲突然逝世,从主妇华丽变身

由于家族企业的权限集中于顶层领导者,所以一旦总经理突然逝世,难以实现平稳交接时,企业就会面临危机。钻石(Daiya)精机公司(位于东京大田)总经理诹访贵子在32岁那年突然从家庭主妇成为企业第二代继承人,她通过贪婪地学习成功度过了危机。

诹访贵子从小就不太喜欢女孩子的玩具或游戏,更喜欢男孩子的东西,就连电视节目也一样,她最爱的是《机动战士高达》,小时候每周都期待着情节发展。但她从未想过将来会成为总经理,为企业拼尽全力。她在两年前看了一部名为《机动战士教给我的新时代领导力》的书。当时,她已经察觉到人才培养的必要性,打算学习领导论,但苦于看不太懂经营类的专业书籍;就在不知该如何是好时,恰好遇到了这部书。

由于钻石精机公司的创始人,也就是诹访贵子的父亲于2004年突然逝世,32岁的她不得不从主妇摇身一变成为企业总经理。然而,她对管理毫无经验,只能一边向周围的人虚心求教,一边学习掌握经营思维方式。这部书的出现让诹访贵子回忆起了孩提时代熟悉的动画世界。她表示:"通过高达我明白了领导的下属也可以辅导人,公司内的某个员工也可辅导另一个员工。在考虑领导应该

怎么做，以怎样的语言促使员工行动等方面也有不少可参考的地方。"最近，她还从动画片《机动战士高达——铁血的奥尔芬斯》中了解到，纯粹的思想也能成为动力。以这种从一切事物中积极学习的态度，诹访贵子成功度过了由父亲逝世带来的危机，实现了事业继承。

钻石精机公司的总部和工厂都位于东京大田区，附近有多摩川河流过，周边是中小制造业聚集地。虽然公司规模不大，员工仅31人，年销售额仅3亿日元，但在生产汽车零部件保持架（测定用具）方面具有一定优势，与销售额约12万亿日元的日产汽车大型企业有业务往来，被称作"街道工厂之星"。公司名称中的"钻石"，在业界用语中就是指保持架，她的父亲创业于汽车产业高速发展的1964年，原本是通过创业来给她患重病的大哥筹措治疗费的。

由于哥哥早逝，她的容貌与哥哥有几分相似，所以，周围的人一直说她是"哥哥的化身"。不知是不是这个原因，比她大9岁的姐姐被当作"妈妈的孩子"，她则被当作"爸爸的孩子"来养育。当时，她的父亲任商工会议所分部会长，一直工作繁忙，一年仅有两次机会与家人共进晚餐，但她回忆起来仍觉得与父亲相处的时刻特别幸福。

父亲从未说过让诹访贵子继承事业，但在她上大学时曾表示："如果不读工科，就不出学费。"她后来回忆道："我也想过父亲会不会让我继承家业的问题，但如果我开口问的话，可能会得到肯定的回答，也就不敢去问。"进入工科大学后，她认为自己得像男人一样生活，所以整天素面朝天，骑着摩托上学，这一度让她的母亲无法理解。上大学后，她和父亲依旧关系亲密，能够手挽手一起散步。到毕业找工作时，她也曾憧憬过成为光鲜亮丽的女白领，在丸之内优雅地用餐，或者成为高学历、高收入、高个子的"三高"上班族，甚至想成为女播音员。但她的内心深处总是希望能让父亲高兴，所以，最终她进入父亲介绍的公司担任工程师，并在不久后与同为工程师的同事结婚，辞职后很快生下了长子。后来，由于父亲开口说希望她来公司帮忙，所以她进入父亲的公司任职，但也很快就离职了，原因是当时经营环境恶劣，面临裁员危机。一天，父亲以平淡的语气对她说："明天起，你不用来了。"因为既然要裁员，自然要从身边的人开始，她也理解父亲的想法，所以这件事并未影响父女关系。

她的父亲逝世于2004年4月，当时诹访贵子因丈夫调职正准备与刚上小学的儿子一起随夫搬往美国，突然之间噩耗传来。诹访贵子最后听到的父亲临终遗言是公司保险柜的密码。她的丈夫本应该是首选的事业继承人，但已有赴美打算的丈夫拒绝了继承。无奈之下，公司高层恳请她继任总经理，但她毫无经营经验，且一旦接受就要与丈夫分居两地。烦恼之时，她找过无数人商量，但没有一个人明确告诉她是接受还是拒绝。

后来，她对这段经历的评价是："这样也好，因为我之前从未自己决定过自己的人生，而一旦接任总经理，就必须担负起责任，自己下决断。要选择不会后悔的路，以自己为轴心的决定是最为重要的。"在连续两三周夜夜无眠之后，她挨个与公司员工进行面谈。最终，员工们希望公司存续下去的愿望让她逐渐下了继承家业的决心。后来，她还在自己的作品《街道工厂的女儿》中写了父亲托梦的情形。

不过，最终促使她继承家业的关键因素是，一家合作企业在得知钻石精机公司面临危机后派人来到公司，那人挡在总公司工厂三楼的总经理室门口表示："如果贵公司无人接任总经理，那我们就不收取本票了。"见状，诹访贵子只能开口对无计可施的其他三位管理干部承诺，自己将继承父亲的事业。她将这个决定转告母亲后，母亲叹道："太可怜了。"作为家庭主妇的母亲对女性工作有自己的价值观，但这并不能动摇诹访贵子的决心。"既然终归要去做，不如尽早去做。"怀着这样的想法，诹访贵子就任一周内就大刀阔斧地开始裁员，这虽然造成公司内部震荡，但她仍坚持了3年的企业改革。这一时期，"能看懂图纸"这一长处给了她不小的帮助。虽然她没有金属加工的经验，但工科出身兼工程师的身份让她十分擅长根据图纸评价产品，而这也让她与工人们的交流更为顺利。对此，她笑称："理工科专业终于发挥了作用，不知道这算不算上一代的战略胜利。"

诹访贵子能顺利继承家族企业的另一个关键因素是，对于自己不懂的事她能坦率地求教。就任总经理时，她年仅32岁，因而她认为："如果是60岁的总经理也许什么都知道，但如果是32岁的总经理，有些东西不了解也是理所当然的，所以应当不耻下问。"一家银行的分店长曾与她有过矛盾，但她主动加深彼此理解，构筑信赖关系。随着她开始崭露头角，周围的偏见也随之而来："因为是女人才引人关注罢了。""不过是仗着父母庇佑的富二代。"凡此种种。一开始,她也曾因此痛苦过,但很快就调整好了心情,以积极的心态去面对:"能引人关注也不错。""正因为有前一代的积累,我才能发光发热。"她积极地与大田区制造公司的一些年轻继承人交流,并且将经营视作自己的职责,从不与丈夫谈论工作上的事,就连曾经对她的就任表示哀叹的母亲后来也理解了她的想法,为她的活跃而感到开心。

虽然作为经营者很受人关注,但诹访贵子其实从未放弃过主妇的责任。"即使有许多不足,但我不想输给自己。"怀着这种想法,再忙她也未将家庭责任转托他人。儿子上高中时,她每天早晨6点起床开始做早餐,送走丈夫和孩子后才出门上班,尽管每一天都忙得不可开交,她也能笑着自嘲:"为了节省时间,我有时在家里也是跑着做事呢。"出任总经理后,她每周还会抽空练习芭蕾,每次一个半小时,既活动身体,也放松身心。

经常与她聊高达的儿子已经上了大学,但诹访贵子从未对他提起过继承公司的事,她表示:"父亲没有强迫我继承,那么我对儿子也是一样。"另外,除了为事业奋斗,她还成为日本广播协会电视剧的原型。

Chapter

第四章

04

今后的老字号管理
——仅靠沿袭老路无法继续生存的时代

与留学时所学知识截然不同的京都式做法——老字号独生女所寻求的平衡

家族企业继承人获得MBA学位或前往海外留学的人越来越多,但他们学成进入公司后将自己所学的东西运用于经营时往往会碰壁。圣护院八桥总店(位于京都市)的执行董事铃鹿可奈子就是在美国学完工商管理硕士课程后才进入企业工作的。她与担任总经理的父亲相互沟通——依据自己所学的经营学知识,与父亲管理老字号的经验进行沟通,并求得平衡。

刚接触家族企业时,铃鹿可奈子就发现自己所学的理论与父亲的思维完全不同。她最初打算将自己在美国所学的知识运用于公司经营中,但大多数提案都被父亲以"这和京都传统的商业模式不同"为由驳回了。因此,她开始重新思考扎根于当地的老字号企业的生存方式。

❖ 成长于有1000多年历史的家庭

铃鹿可奈子出身于传承了1000多年的神官家族——吉田神社的世袭神职的家族,家族经营的圣护院八桥总店也有300年以上的历史。据说,小时候她的母亲将八桥饼细细地切碎用作断奶食品。

家与公司离得很近，从记事起她就总是和员工们一起玩，也会参加公司的各种活动。总之，八桥饼和公司都是她生活中不可或缺的存在。她在家中是独生女，上中学时就有了继承家业的意识，虽然在那之前父母从未对她提及继承的事，但当她表示愿意继承时，她的父亲欣喜不已。进入大学时，铃鹿可奈子选择了对企业经营有益的经济学，在离吉田神社和公司不远的京都大学上学，并在大学期间留学美国学习经济学的基础，回国后先进入信用调查公司任职，后回归家族企业。

她生于京都、长于京都，非常熟悉父亲公司内的氛围，完成在工厂的研修后，她首先着手对包装纸做改变。圣护院八桥总店的主力商品之一"圣"于1976年开始上市出售，但包装纸的设计几十年来从未变过。也许是出于这方面的考虑，她的父亲的要求是"希望能带来新的感觉"。

铃鹿可奈子认为京都的顾客大多是来享受四季风景的回头客，因此打算"用包装纸表现京都多彩的四季"。由于公司一直以来都保持商品一成不变，所以她对改变包装但不改变内里的做法，也不知会得到顾客怎样的反馈。于是，她先推出"秋季商品"，以全新的包装进行销售，结果反响非常不错。顾客表示："正因为内里是一样的，所以即使改变包装纸也能安心购买。""最喜欢的还是招牌的肉桂和抹茶什锦装，今后还能期待包装纸的花样了。"铃鹿可奈子认为："这不仅让我发现了包装的作用，更体会到了顾客对于圣护院八桥总店的'味道'的信赖。"她继而认识到，既然将食物作为商品，那么事业的根本就是味道。如今店内依旧沿用了这种销售方法，季节包装纸产品已占销售额的大半。

历史悠久的商业世界是非常深奥的，很多时候难以使用普通的方法解决问题，在各种状况下不得不直面疑问。铃鹿可奈子在美国学习的市场营销理论之一就是定位，该思维就是在进行细致的分层定位后，在该定位层推出并强化在市场实现赢利的商品或服务。

❖ "一旦产生疏离感就难以进行商业销售"

在销售面向修学旅行的学生的巧克力时，铃鹿可奈子提出，应推出针对年轻顾客层的商品。她的父亲也赞成这种定位，但当她提出将包装纸也改为符合十几岁年轻人审美的流行设计时，她的父亲表示了反对："这不是我们店的颜色。"她尝试以自己所学的理论来说服父亲，她的父亲却说道："我知道你想要推陈出新，也明白你的理论，但我希望你不要忘记京都式的商业风格。"他指出，要让企业生存下去，就不能疏忽非目标人群的感情，虽然大部分人不是这款商品的目标顾客，但一旦让他们对品牌产生了疏离感，就会导致难以接受该品牌下的所有商品，从而慢慢远离该品牌。她最终接受了父亲的主张，选择了其他方式的设计，既让年轻人认为"怀旧风也很可爱"，也让年长者接纳。不过，她本人并不完全认可这种做法。

真正让铃鹿可奈子对父亲的主张心服口服的，是2011年推出新品牌"nikiniki"之后。当时，八桥饼作为土特产商品非常受欢迎，但当地年轻人很少在日常生活中食用。铃鹿可奈子曾询问过友人，得到的也是"最近没吃过"的回答，这让她感到非常可惜。但她确信，只要尝过一口八桥饼，就一定会花钱购买。"首先应该消除偏见，让人们了解八桥饼的美味。"铃鹿可奈子以当地年轻女性为目标推出新品牌，以八桥饼和生八桥饼为基础，与各种食材搭配或改变造型，开发一系列新商品。此举让八桥产品与店铺带给人的印象发生了不小的改变。

新品牌店铺开张后，铃鹿可奈子才领会到父亲的真意。她原本想将"nikiniki"的包装主色定为粉红色，但父亲以不符合京都风格的理由驳回，最后选定为绿色，而该商品一经推出，其受欢迎程度超过了她的想象。为什么呢？究其原因，原来"nikiniki"是被不少熟客购买的，其中包括70岁到80岁的男性，这类顾客认为，整体色调为绿色的手提袋更适合携带。"如果将主色调改为红色，也许会让他们觉得羞于携带。我最初的想法是要让更多的人了解八桥饼的美味，并不是要用包装来将顾客分层。如果让深爱圣护院八桥总店的客人们认为'自己不被在意'并口口相传的话，这部分客户层就会流失。我也深刻地感受到，倘若让一直以来支持我们的顾客寒心的话，确实有违以往的销售风格。"由此，铃鹿可奈子切实理解了父亲之前所说的"一旦产生疏离感就难以进行商业销售"的内涵。如今，两家"nikiniki"店铺的商品每天都销售一空，收支稳定，很好地完成了传播八桥饼魅力的职责。

历史悠久的商业内涵也会体现在日常的交流中。京都是人际交往和集会较多的地方，比如每年的1月几乎每天都有集会，一个月内能多次见到同样经商的人。在彼此见面、吃饭、聊天的过程中，能从不同行业和领域得到新的灵感，或在提及"也许可以这么做""试试看"时产生商业上的合作。京都是重视各行业、各领域发展的地区。如果打算挑战新事物，可以委托领域内的专业人士办理；新创业者也许会觉得难以融入，但实际上很容易实现合作共赢。通过参加集会，构筑人际关系，就能逐渐融入京都。铃鹿可奈子笑言："当地的风气中，非常看重介绍人是谁，与他有怎样的关系。在这种家族企业之间必然会有往来的环境下成长，迄今为止，我得到了许多人的帮助，这也为我减轻了不少压力。"

❖ 花2到3小时做交流

对约200名员工做人事评价和审核时，铃鹿可奈子利用了自己所学到的经营手法，不过并不是死板地套用学到的知识，而是采用了既看重以往的资历也注重实际能力的新评估方式。

由于父女对经营的态度都十分认真，所以两人时常会发生意见相左。为此，不喜欢暧昧不清的铃鹿可奈子往往会花2到3小时与父亲进行交流。在家族企业经营中，彼此过于坦诚直言，有时也会导致言语过激，讨论逐渐情绪化。对此，铃鹿可奈子表示："这是因为，我会对父亲说一些下属本不该对总经理说的话。"

这时，铃鹿可奈子与父亲都会有意识地暂时回避对方，等到冷静下来之后再邮件联系，重新讨论能让彼此都接受的方法。因此，即使思维方式不同，两人之间也并未发生真正的冲突；即使有过困惑，也能安下心来经营事业，理解公司的一贯做法。她坦言："我永远考虑的都是，如何让美味的八桥饼在数百年后依旧能存续下去。"

第十三代总经理实现4倍成长——300年企业的决断力

随着事业的世代更替,家族企业以往的商业模式会逐渐陈旧,最终被淘汰。因此,只会延续前代做法的继承人是不可能将事业引领至下一代的,或者应该说,新的继承人必须怀有巨大的紧迫感,让企业做出改变。中川政七商店公司(位于奈良市)的第十三代总经理中川淳在面对收不抵支时摸索前进,最终创造出了自己独有的商业模式。

中川政七商店公司创立于江户时代中期的1716年,最初靠手织麻布发家。它主要涉及手工艺品的制造与销售,2016年迎来了300岁生日。总经理中川淳是第十三代继承人,在2016年承袭了户主名政七。在销售方面,截至父亲那代,公司都是以批发为中心,但中川淳积极开拓零售业,如今在日本已有销售日常杂货工艺品的店铺共计49家。他还担任工艺业者和土产店的咨询顾问,将父亲时代10亿日元规模的销售额翻了5倍,达52亿日元(2017年2月)。2015年,中川淳获得向具有优秀战略的企业颁发的博塔奖,他的经营方法也获得极高评价。但令人意外的是,他的父亲当初并不同意他进入公司。

❖ 低头请求父亲同意进入公司

大学毕业后,中川淳进入大企业工作了两年,他想更快更好地发挥自己的能力,于是准备转职到上升势头良好的中小企业。当时,他的脑中首先浮现的就是刚在东京开设店铺的父亲的公司,他甚至乐观地认为:"既然是总经理的儿子,那么肯定能获得较高的职位。"但父亲看透了他的想法,列举了多个理由反对他进入公司,如"仅有两年经验,你懂的东西有多少?""工艺品的前景并不好""中小企业和大企业是不同的",等等。即使中川淳表示自己是想发挥能力,但父亲依旧不肯点头。最后为了获得父亲的同意,他只能在父亲面前低头,恳求父亲让自己进入公司。见他如此坚决,父亲终于明白儿子是认真的,最终同意了他进入中川政七商店工作。

不过,当时的中川淳并没有"继承家业"的意识,因为他并不熟悉父亲的公司。因为家和公司离得很远,小时候他也从未去公司玩过,父亲在家时从不提及工作上的事,更没对他说过希望他继承家业的话。"做自己想做的事就好。"这就是父亲对他的教诲。因此,即使进入的是父亲的公司,对中川淳而言也不过是"转入中小企业工作"罢了。但进入公司第一天就发生了意想不到的"事件",由于中川淳不清楚员工是否知道自己是总经理的儿子,于是在做自我介绍时,他就从出生地开始讲起:"我是来自奈良县的……"结果立刻有人说道:"我们早就知道了。"同时现场响起了笑声。这才让中川淳如梦初醒,醒悟到所有人都知道自己是家族子弟，并且今后要以这种身份在企业中工作。

❖ 周六的转机

事实上，不少继承人都因周围人的目光而备感压力，其中甚至有因不堪重负而离开公司的人。但中川淳认为，"既然这是自己选择的路，就决不能退缩"。公司当时的两大支柱是由父亲管理的茶具部门和母亲负责的以日式小物品为中心的杂货部门；虽然也参与制造，但销售是以批发为中心，杂货部门处于收不抵支状态，茶具部门的收益则能勉强维持收入大于支出。中川淳最初被分配到茶具部门，但他完全摸不到经营的门槛，每天都在父亲的指示下进出仓库，为监督配送的包装疲于奔命。

改变出现在一个周六。当时中川政七商店的茶具部门每到周六就休息，但杂货部门会继续上班。因此，中川淳周六到公司时就会到杂货部门露个脸。当看到有些产品断货，他就问"平常一般会制造多少个"，负责人却表示自己不清楚；相反，有些卖不掉的产品却一直在生产，询问"为什么"时，负责人居然回答"因为这种商品生产方便"。于是，他立刻向父亲申请调职，理由是"比起监督茶具的包装，调往杂货部门更能发挥作用"。父亲同意了他的申请。就这样，在进入公司一个月后，他从茶具部门调往了杂货部门。就这次调动的结果而言，他觉得是相当不错的，因为茶具部门虽然收益稳定，但父亲熟悉业务，对各细节都十分关注，他很难超越父亲。他也曾坦言："如果留在茶具部门的话，就算再过一年我也比不过父亲，而这会导致我想做什么时很难获得公司内部认可。"与此相对的是，处于收不抵支状态的杂货部门没有明确的业务专家，员工也不知道由谁来做决定，而这种负面状态反而给了他活跃的余地。另外，当时杂货部门与茶具部门位于不同的建筑物内，两栋建筑物之间距离约100米。这虽然不远，但意味着他的日常举动不会直接进入父亲的视野，这也让他更为自由。他表示："尽管事业不同，但仍处于同一栋建筑物内的话，父亲肯定会对我的行为进行干涉。"事实证明，物理距离也让父子之间更能保持良好的关系。

转到杂货部门后，中川淳首先要求员工提交数据，同时自己努力了解现状。等到成为最了解部门的人之后，他的想法自然也就成了"正解"，能够让员工心服口服。对于有参与家族事业管理经验的继承人而言，提升自我往往是获得周围人认可的最有效方法，中川政七也不例外。

❖ 致力于解决上游业界的问题

当时，公司有一笔数额不小的贷款。中川淳在考虑事业发展前景时，首要目标本来是要实现无贷款经营，但经测算后发现，以当时的盈余幅度，要实现这个目标所需的时间过长，公司显然已经进入不得不重新审视商业模式的时期。

但即使决定了目标方向，一时间也找不到实现它的道路。工艺品行业将如何变化，生活会有怎样的改变，他只能凭个人的想法去揣测,一点点地摸索前进。中川淳认为:"为了存活应该怎么做?在压力之下能否找到出路?努力能带来什么?这些问题带有普遍性,与是不是家族企业、中小企业无关,是整个产业界都要面对的问题。"他受到优衣库飞速扩大店铺的刺激,很快制订了"工艺品SPA(制造零售)"的战略方案。通过在该领域初次尝试,公司有效增加了店铺数量,提高了收益率。

公司发展也面临新的问题。作为工艺品供应链的制造方几乎都是6人以下小规模公司,超过7人就算中等规模,且没有大规模公司。例如,需要1000件产品时,很难由1家厂商提供,必须寻找每家能生产100件产品的10家厂商共同提供。中川淳意识到"最重要的是确保生产能力",但工艺品行业自从泡沫经济崩溃后整个市场已缩减至原来的四分之一,不少企业相继破产,生产能力也大幅降低。为了将自己的企业挤进上游,他于2007年提出了"复兴日本工艺"的经营理念,开始了复兴工艺品厂商的顾问业务。

最近接洽的是土产店的咨询顾问。公司的土产品近30年来一直保持着年销售额约3万亿日元的规模不变。不过,以前公司的食品与工艺品的比例基本相同,最近却变为了4:1。于是,针对工艺品的高度低迷,公司进行新品开发,其效果显著,比如,在太宰府天满宫(位于福冈县太宰府市)的观光导游区内开设的销售店,其销售额翻了6倍。

2016年,中川政七商店迎来了300年诞辰,对此中川淳表示:"感谢公司历史,也感谢深受其恩惠。"但这并不意味着在经营上可以坐享其成,他依旧在努力思考着下一个战略计划,而这也正是中川政七商店一直以来不变的优点。世代交替之际，父子二人找了个机会单独相处，在用餐的席间，父亲对中川淳说道："我没什么特别要交代的，硬要说的话就是希望你能将事业继续下去，因此不必拘泥于过去，尽你所能即可。"要让企业存续就不必限制自我——中川淳从这句话中感受到了传承300年的家族事业DNA（脱氧核糖核酸）。因此他也表示："我从没想过要守住事业，因为守成必然给战略思考戴上镣铐。"

畅销品是售价50万日元的水壶——第七代让老字号重生

玉川堂（位于新潟县燕市）是一家老字号企业，到2016年，其创立已达200周年。企业销售名为锤起铜器的高级金属制品，其中的畅销品是一种50万日元的水壶、7万~8万日元的茶壶。虽然企业曾一度陷入艰难的经营状况，但身为第七代总经理的玉川基行雷厉风行地进行改革，在发挥家族经营优势的同时将销售额扩大至3倍。

锤起铜器是用锤子敲打铜板这种传统工艺制作成的。铜板具有不易延展但能通过敲打压缩的特点，匠人将其放入火中进行高温软化，然后用锤子敲打。需要敲打数万次才能完成一个产品，因此每个产品都需要花费10天左右时间才能完成。创立于江户时代文化十三年（1816年）的玉川堂，总公司位于南北狭长的新潟县中央位置，创立契机源于近郊的弥彦山周边出产铜矿。公司从制造锅、水壶等发家，把这里打造成知名西洋餐具的产地，是当地金属加工业的奠基人。但随着该地区屈指可数的几家老字号企业及传统工艺的长期低迷，玉川堂的经营情况也日趋严峻，在20世纪90年代一度陷入严重的入不敷出状态。

使玉川堂复兴的领头人就是玉川基行。玉川基行出生于1970年，从小他的生活就与玉川堂密不可分。店铺的后面就是他的家，家的后面则是工厂，每当工厂午休时，他就和匠人们一起打棒球。原本应当由大哥继承家业，但玉川基行高考失利复读那年，大哥因车祸去世。他因此下定决心，以后一定要成为总经理。后来即使考入广岛的大学，他也没有改变心意。于是，毕业后他回到了家族企业工作，而这时玉川堂受泡沫经济崩溃的影响，经营状况更是雪上加霜。玉川基行坦言："那时公司濒临破产，不知什么时候就会彻底倒闭。"

当时的玉川堂经营者除了担任总经理的父亲外，还有两位叔叔。其中一位任执行董事，负责现场工作，后来成为"人间国宝（类似中国的非物质文化遗产传承人）"；另一位则任厂长。父亲也有一定的现场管理经验，继承了被指定为国家传统工艺品的家族事业核心产品——锤起铜器的技术。玉川基行表示："正因如此，我进入公司时附近的其他总经理都认为'锤起铜器确实了不起''玉川堂仍有潜力'，这也让我增强了自信。"

但公司销售方面的问题十分严峻。由于销售地大多在新潟县内，所以随着时代的变化，对公司纪念品等需求在减少。虽然公司针对个人需求进行了开发，但仍难以挽回销售额走低的颓势，总额从20世纪70年代最高峰时的3亿日元缩减至1亿日元，经营举步维艰。在如此艰难的状况下，也许是担心进入家族事业的儿子和公司的前景，父亲在玉川基行入公司前一个月重审了事业模式，果断裁员，将原有的40名员工削减至30人。为了让下一代能够继承先辈的事业，缩减企业规模也是无奈之举。

父亲的决断成为之后公司经营改革的基石，人员削减也让回归家族事业的玉川基行感到了企业事务的变化。一些从小看着他长大的匠人离开了，剩下的人对他的到来也怀着不安和期待，不知他进入公司后能给公司带来怎样的变化。玉川基行当时25岁，自信满满地认为"只有自己能振兴家业"，并表示自己没有领薪水的意愿。于是，在最初的一年内，他每月只拿5万日元工资。他不仅冲在销售第一线，还和匠人们一起到现场学习制作技术。

虽然已下定了决心，但核心的问题——提高销售额依旧是一场苦战。很多交易方表示"你们的销售手段太差""产品不错，可惜经营不善"。这让玉川基行每天睡前都忍不住流下悔恨的泪水。痛切感受到必须重新甚至从根本上提高销售额，玉川基行想到的方法是在新潟县内以法人销售为主，但在县外百货店加强个人促销。当时销售的瓶颈在于经销商中转，玉川堂百货店实行经销商转手，长年以来形成的商业惯例是，还要另外加上代销金，以致价格高于新潟县本地。玉川基行认为这有双重定价的嫌疑，打算让百货店进行直销，统一价格，提高效率，从而提升销量。事实上，他的父亲也早就发现了这一问题，但碍于传统规则，他未能迈出改革的脚步。即使对玉川基行本人来说，直接解除与经销商的关系也面临很大风险。因为这意味着，对于从未进行直销的百货店，要不经过经销商这个中介直接进行商务洽谈。

当时，年轻的玉川基行毫无门路，他只能带着三四个样品的目录，背着包四处造访东京和大阪的有名百货店。玉川基行坦言："现在回想起来，那时候确实太天真了。"但家族核心的产品实力拯救了他，玉川基行曾直接前往新宿的伊势丹卖场，找到看似买家

第四章　今后的老字号管理

的员工，单刀直入地表示："希望你能看看我的产品。"虽然做法简单粗暴，但买家恰好正在寻找金属方面的产品，且十分中意玉川堂的品质，对方建议玉川基行对产品做进一步包装。当时玉川堂在日本的知名度还很低，但半年后就有了进行现场销售的机会。

玉川堂的匠人们以前只专注于工厂制造，几乎从未有过在店铺现场销售的经验。因此，当玉川基行希望他们在店内露面时，他们纷纷表示做不到。这时解救他摆脱困境的是家族人士，担任厂长的叔叔站了出来，说："既然如此，那就让我去店内吧。"为了降低成本，叔叔选择了新宿最便宜的一夜5000日元的旅馆，连续数日进行现场制作并销售。

其效果是显而易见的。其一是提高了知名度。通过实际展示产品及制造方法，让以前从未听说过玉川堂的人也对它们留下了深刻印象。其二是能直接倾听顾客的声音。父亲早已有意开拓市场，对设计方面花费了不少精力，但苦于没有可接收顾客反馈的平台，一直在细节方面难以做到完美。这次通过现场销售直接听取了顾客意见，从中得到不少产品开发的灵感，从传统的水壶、茶壶制品拓展至小酒杯、啤酒杯和红酒杯等新领域。由于其中大多是不同于以往的小型制品，公司内部也有人表示怀疑，质问"玉川堂是否有必要制作这样的东西"。但在担任厂长的叔叔的支持下，玉川基行依旧坚持改革方针不变，后来随着销量上升，新产品也变成了常销品。另外，玉川基行还前往大阪的阪神梅田总店，并成功为自己争取到了机会。

在努力寻找新销路期间，玉川基行拜访了一位经销商，提出"希望今后与百货店进行直接交易"。对方虽然同意了，但同时将之前所有的库存品全部返还，这也加重了原本就处于收不抵支状态的玉川堂的负担。不过，变为直接交易后效果显著，收支也在一点点地改善。"从长远视角来考虑经营时，我认为首先必须改变流通渠道，而经过一系列改革也确实凸显了家族经营的优势"。

父亲一直静静地旁观着玉川基行的改革，既不参加会议，也不对他横加干涉。不仅如此，当两位老资格会计负责人退休后，父亲还自己去上会计学校学习相关知识。他一边负责会计业务，一边积极地在背后支持儿子。2003年，当玉川基行提出"我差不多可以就任总经理了"时，父亲立即退居二线担任董事长一职。2014年，公司开设了东京青山直营店，青山店主要销售水壶和茶壶等传统产品。玉川基行认为："在新领域提高知名度的同时，也应该将传统领域发扬光大。"玉川堂以前的销量几乎都集中在新潟县，如今已实现逆转，县外销量占总销量的7成，并且还在开拓中国、俄罗斯等海外销售渠道。玉川基行接下来的目标是，通过开设直营店实现销售网络覆盖，希望今后能吸引全世界的顾客。销售额由此也顺利提升，比他刚进公司时翻了3倍，与历史最高峰的3亿日元持平，收益也从8年前开始稳定为持续盈利，并且其产品的魅力还吸引了来自日本各地的美术专业大学生前来就职。

玉川基行每天早晨5点半起床，7点45分从打扫公司卫生起开始一天的工作。虽然传统工艺通常会面临很多难题，但玉川基行根据自己的经验说道："拥有令世界惊叹的技术，其本身就是很难被市场淘汰的。但为什么有这么多老字号企业接连消失呢？问题在于经营。因此，继承人需要重新认识经营的重要性。"

创业100年的IT企业——从街道工厂彻底变身

前一代事业顺利并不意味着下一代能一帆风顺，所以家族企业继承人必须具备发掘并培育新事业的眼光，有时这能帮助企业实现动态事业转换。

智慧价值（Smart Value）公司是涉及云端和移动相关服务的IT（信息技术）企业，总公司位于大阪市，由创业家出身的涉谷顺担任总经理，年销售额约65亿日元，（2017年6月）在纳斯达克上市。其独特之处在于，虽然是IT企业，却已有90年历史。涉谷顺利用前一代的交易关系，成功使街道工厂变身为IT企业。

涉谷顺的家族企业，原本在堺市负责汽车相关零件和机器的修理与销售。上头有一位大哥的涉谷顺从小就没有继承家业的意识，虽然上了高中后会和来家里的员工一起打麻将，让他对公司并没有太大的距离感，但他从未想过要做继承人。父亲是典型的独裁经营者，涉谷顺高考失利后就按父亲的指示不再上学，直接进入合作商社工作。

快乐地工作了3年后，他又依照父亲的意愿回归家族企业，负责零件配送，每天都忙于工厂的工作。但他也曾有过与父亲因意见不合而离开公司的时候。他的母亲出任企业会计，企业整体是个典型的家族经营的街道工厂。企业有员工约20人，每到午休时大家都会去附近的公园练习垒球。6年后，在大企业做工程师的大哥也回来加入家业。父亲也许是考虑到未来的事业继承问题，将总公司办公楼改建为6层大楼，为世代交替打下基础。

但两年后父亲去世时，家族事业继承仍未准备就绪。由于之前只有父亲能浏览账目，所以其他人根本不了解经营状况。大哥仓促之下就任总经理，涉谷顺则担任执行董事来辅助大哥。这时，他才第一次发现家业经营状况远比自己想象的情形更为严峻。改建总公司大楼时的贷款额巨大，债务方面不堪重负，这让涉谷顺对未来产生了"再这样继续下去只有死路一条"的危机感。

这时，厚重的企业历史发挥了作用。由于从20世纪90年代起，家族企业就从车载机器逐步过渡到安装和销售车载电话业务，后来又涉及网站首页业务，所以，电话公司在增开电话店铺时便询问涉谷顺，是否试试合作。涉谷顺同意了，便与其签订了代理店销售合同，并担任店长。他利用父亲那一代所建立的商品流通渠道，顺利增加了店铺数量。当时，他注意到网络用户数量增加，从中发现了移动通信以外的商机。他首先着眼于程序提供商服务事业，并于1996年成立了分公司。最初由大哥任总经理，涉谷顺任执行董事，1年后，由于大哥想专注于总公司的工作，于是涉谷顺全权负责分公司经营。

经历了世代交替并以新事业重振家业后才开始面对真正的难题。虽然大哥负责的总公司手机店发展顺利，但后来涉足的汽车用品相关加盟店（FC）事业陷入困境。涉谷顺成为全权负责人的分公司由于结构变化也面临与大企业的竞争。于是兄弟俩在2003年变更了各自的职责，大哥担任董事长，站在高处总揽事业全局，而涉谷顺则兼任总公司与分公司的总经理。

❖ 不辜负母亲期待

涉谷顺回顾公司发展时表示："我非常熟悉企业的交易对象，因此打算利用这一点。"父亲去世后，母亲依旧参与公司工作，为了不让母亲失望，也为了实现公司发展，涉谷顺决定撤出汽车用品加盟店，将事业集中于工厂与手机店领域。在手机店顺利发展时，街道工厂也只处理前一代已稳固的业务，仅用两年时间就实现了盈利。另一方面，分公司集中于收益前景良好的法人业务，将其他方向的事业均出售给别的企业，并利用网络管理技术，于2004年参与独立法人的数据中心业务，成功回到了发展轨道。

之后，涉谷顺着手重审管理体制。以往员工在结算交通费时，甚至需要担任会计的母亲从自己的钱包里拿钱出来。随着事业发展，企业内部体制整顿显然已迫在眉睫。母亲随着年纪增长也越来越想退出公司职务，最后涉谷顺按母亲的意愿让她辞去了会计一职。他重申"明确责任，提高团队实力"，于2006年将总公司和子公司进行了再编，持股公司下设街道工厂、手机商店等分公司，并严格录取员工，以求提高每个部门的收益率。

家族事业也在这一阶段开始向IT企业转换。在重新审视事业未来时，涉谷顺认为焦点在于街道工厂如何发展。他没有特别对待前一代遗留下来的事业，而是认真考虑其内核。工厂当时是以与汽车导航相关的器械的修理为核心，而涉谷顺从汽车导航中发现了与IT合作的前景，也找到了开拓其他事业的可能性。因此，他做出决定，将与其他事业无关联的修理业务从家族事业中割离，并告知了母亲，母亲也表示赞同："我们的确应当更替为能在下一个时代中存活的事业了。"2012年，涉谷顺整合了分公司与持股公司的经营，加强云端服务，让曾经的街道工厂变为负责云端和移动通信相关服务的IT企业。

2013年，涉谷顺接手了朋友的公司并更改为从父亲那里继承而来的企业名，让原本在街道工厂工作的员工选择归属地，并在同一时间拆除了父亲建造的6层楼总公司。在整顿内部管理时，他意识到上市的重要性，并给自己定了3年期限挑战上市。在员工积极努力下，2015年公司成功上市发行股票。

❖ 企业历史的长度与其他IT企业不同

通过大胆转换，变身为IT企业的智慧价值公司拥有与众不同的历史。正如涉谷顺所言，企业历史的长度展示了它与其他IT企业的不同之处，如，从表面上看，公司仍是比较少见的以扎实的库存型商业为中心的企业。另外，一般IT企业的员工大多穿着年轻休闲的服装，甚至有人坐在健身球上办公，但智慧价值公司不同，因为有部分人是从街道工厂时代就在公司工作，所以放眼望去，西装革履的人并不少。涉谷顺认为："与普通的IT企业不同，我们拥有符合企业历史的风气和文化，适应这种文化的人进入我们公司后也能促进事业发展。"比如，开发以东京世田谷区从怀孕到孩子就学前的育儿家庭为对象的"世田谷育儿应援APP"时，就主要由毕业后进入公司不到两年的女性员工负责。

涉谷顺有两个孩子，但他表示，并不要求他们继承自己的事业，并且考虑到"害怕影响革新的动力"，他一直租房居住。几年前，涉谷顺进入研究生院进修，想要从学问的视角重新审视自己在现场学到的经营思维及方法，他说："我辛苦学到的理论其实已经写在教科书中了，而书中还有很多我不知道的内容，实在是获益匪浅。"

创业于1928年的智慧价值公司不知不觉已经进入第90个年头，涉谷顺以100年为目标说了一番话："能走到100年的企业并不多，今后我依然会重视企业历史，使其长久存续下去。"

第五章

Chapter 05

脱离家族的选择

——追求『前方』的可能性

YKK——脱离家族事业、不上市的理由

与排除万难打下事业根基的创业者们相比,第二代所承担的职责又有另一种意义上的难度。吉田工业公司(YKK)第二代就表示,自己的职责是"将过快的钟摆归位"。吉田工业公司不仅推行脱离家族模式,还坚持不上市,从新的事业角度看待家族企业的下一个职责。

吉田工业公司以销售紧固件和建材为中心,销售额约7127亿日元(2017年3月)。它是世界紧固件第一大企业,同时也是知名的非上市大企业。董事长吉田忠裕是创业家出身,而他的父亲吉田忠雄不仅建立了公司,还被称作是"紧固件之王"的超凡领导者。吉田忠裕具有敏锐的经营直觉和强大的领导力,熟知公司的每一个环节,他致力于"将员工培养成和自己一样的经营者",对企业毫无"这是吉田忠裕家的公司"这样的私人情感,对孩子的教育也有自己的独特思维。从小学时起,他就被灌输"你今后要去美国"的观念。在考大学时,他和父亲谈及未来,父亲建议他担任劳动团体的委员长。于是,进入大学后他就学习劳动法,毕业后前往美国商学院留学。学校靠近华尔街,更倾向于教授高利率投资。为了学习经营,他后来转入其他商学院,师从市场营销学泰斗菲利普·科特勒。

吉田忠裕在商学院的同学中，不少人出身于著名企业家族，但大家都以不靠亲人庇佑为荣。吉田忠裕也打算今后不在父亲的公司就业。当两年制教学的第一学年结束时，他参加了多个公司的面试，并拿到了7倍于日本大学毕业生薪水的高评价建议。当他怀着满腔热情回国，与父亲谈及未来计划时，父亲既没有表示赞成也没有表示反对，只是对他说道："如果进我们公司的话，你能更早地学到经营知识。"吉田工业公司当时正准备通过投资来开拓国际市场。因此，父亲这番话对吉田忠裕极具吸引力，最终他决定进入公司，但"不是为了家族事业"，而是"为了做自己想做的工作"。

一开始，他被分配到产品制造基地黑部事业所（位于富山县黑部市），住在单身宿舍，每天到处奔波，学习掌握成本核算。不久后，他又被调往海外事业部。从此，他开启了从新的海外基地飞往世界各地的行程，每天面对各国市场环境的差异及各地不同的问题。1986年父亲身体欠佳时，为了让决策流程不受影响，公司新设了经营会议。由于企业内认为稳定是第一要务，因此吉田忠裕不得不将各种案件一一向父亲报告。当时，父亲的决策是不容反对的，但随着时代变迁和企业成长，父亲有时会过于坚持传统判断，而他的强大影响力又容易使传达的方针被过度执行。比如在建材实业方面，父亲只局限于公司能够大量生产的铝制零件事业领域，而吉田忠裕认为要实现建筑需求和海外企业的发展，应当将重心转为对应小批量生产的树脂和玻璃等事业方向。

经过多次激烈争论，吉田忠裕为了推进改革，于1990年创建了以自己为中心的负责建材的吉田建材公司。他首先着手的是流通方面。由于吉田建材公司之前的方针是让所有员工都参与经营，因此，不同地区都有不少由员工独立管理的建材销售公司，但这无法统一管理库存，弊端日益凸显。深具危机感的吉田忠裕重新审视父亲的方针后，不顾反对开始整合销售公司。这被不少人认为是"儿子的造反"，但吉田忠裕毫不退缩，他一边重整流通结构，一边将事业核心从铝制零件转为窗户制造，一步步地构筑了新的发展基础。

❖ 第二代有第二代的做法

至父亲1993年亡故时，吉田忠裕都贯彻了"终身总经理制"。他就任第二代总经理时曾宣告，不要将他与上一代的卓越领导者相比较。他的想法是从团队出发，利用前一代的思维来经营，但时代在改变，不能全盘照搬，必须修正过度的部分，"将过快的钟摆归位，这就是家族第二代的使命"。其象征性的行为是1994年变更公司名。公司原名吉田工业公司，YKK为品牌名，这是效仿欧洲的大企业，将家族名字加入公司名称中，欧洲外的部分国家也沿用这种做法。但随着企业规模扩大，吉田工业公司的商业品牌逐渐在全世界知名，吉田忠裕认为统一公司名和品牌名更为有利，决定将创业者的名字从公司名称中去除。这是个艰难的决定，但由于他本人是家族成员，所以进展顺利，这也归功于上一代也并未将公司视作吉田家的企业。

对经营成员的脱家族化也同步推进。最初设立经营会议时，有不少吉田家族成员加入，但吉田忠裕认为，这不仅导致了人浮于事，而且亲戚和分公司产生联系，阻碍了公司发展。前一代秉承着"与人竞争才能成为名人"的原则，在公司内部创造了良好的竞争关系，吉田忠裕也从不拘泥于血缘，而是按实际成绩来给予评价。2011年，吉田的中坚公司和吉田建材公司的总经理都由非吉田家族的员工继任。

除了吉田忠裕本人以外，两家中坚公司的管理干部都不是吉田家族的人，并且吉田忠裕的孩子也没有进入公司。公司内虽然有亲戚子女，但员工都不知道他们是家族出身，并且没有特别待遇，都按个人能力进行考核。

股票方面则延续并贯彻了创业者的想法，坚持不上市，并且该方针不会更改。

前一代秉持的理念是："股票是事业的参加证。"因此，最重要的是让员工成为持股人，不允许外部投资人持有。员工可以用薪水和奖金购买股票以获取分红，退休时也可以将其出售给下一代员工以换取对应的现金。但随着企业规模的扩大，公司内开始出现不赞同的声音，于是就新设了员工持股会。如今，员工持股会已是吉田工业公司的第一股东，紧随其后的吉田兴产公司是管理部分股票的公司。但如果将来吉田忠裕离开吉田工业公司，仅延续现在的情况就不符合创业以来的思维方式了。因此，吉田忠裕开始致力于将产品制造基地所在的黑部改造为领头的事业公司。

吉田忠裕给员工们配用羊奶加工的奶酪。该奶酪曾获得意大利相关评比的最高奖，并且随着其品质的进一步提高，还为当地的发展做出了贡献。一心想要振兴新事业的吉田忠裕只要日程有空,周末就一定会到黑部视察业务。自从40岁担任黑部最年轻的商工协会会长以来,他一直积极参与地区工作,并以北路新干线的开业为契机,将总公司的部分功能转到了黑部。

自他接手后,吉田工业公司的销售额实现了1.8倍的增长。但他清醒地认识到什么是要传承的,什么是要改变的,重新审视家族与公司的关系,尽了与创业者不同的第二代职责。

离开家族企业再创业,在东京证交所1部上市,最后干脆地抽身而退

因不适应家族经营而离开家族企业的例子并不少见,其中也不乏利用自己在家族企业中的艰苦经历转变成重新创业的人。经营婚庆事务的浅田刚治虽然继承了父亲的公司,但由于理念不同而离职,并于2000年创立了属于同一行业的诺瓦雷斯(Novarese)公司。该公司以家庭婚礼等服务优势实现成长,于2006年发行股票,2010年在东京证交所1部上市。但浅田刚治随后放弃了经营和所有权,在他彻底离开后,诺瓦雷斯公司也不再上市。

浅田刚治在6个兄弟姐妹中排行第五,上有3个姐姐和1个哥哥,下有1个妹妹。他的父亲在大阪的下町经营住宅生意,在浅田刚治上小学二年级时开始在名古屋做婚庆业务。随着姐姐们一个接一个地出嫁,浅田刚治很早就产生了"今后总有一天会进父亲公司工作"的想法。后来,他借上大学的机会去了东京,就业时怀着"既然要成为父亲的接班人,最好进经营意识较强的其他公司学习"的念头选择了从事人力资源管理的工作。度过极富挑战性的1年半职场生活后,由于父亲生病,他回到家族企业帮助经营。他所负责的是名古屋婚庆公司,但他从未在名古屋居住过,当地也没有朋友,甚至对公司内容也毫无兴趣;但父亲的指示是不可违抗的,

他没有其他选择。

父亲在名古屋公司指定了主管,但那人一年只露面一次,每次1小时左右。所以,员工们连他长什么样都不清楚,也因此办公现场员工们十分散漫,既无干劲也无目标,甚至有人傍晚偷喝客用啤酒,或者在自己负责的婚庆仪式上宿醉。浅田刚治在东京工作的时间虽不长,但已经习惯了快节奏的工作方式。所以他震惊于这巨大的落差,打算改变"自由散漫的无规则地带",没想到遭到习惯偷懒的员工们的激烈抵制。当他以了解婚庆现场状况为目的参与业务运营时,员工们会故意藏起吃蛋糕用的叉子,或是放掉服务所用珠光火炬的瓦斯。但他并没有退缩,在1年后就任总经理时坚持着手经营改革,提高现场效率。"当时虽然和父亲谈及细节,但还是按自己的想法去做的。"他的做法招来了现场管理干部的不满,那位干部写信向他的父亲抱怨:"你儿子的态度很奇怪。"父亲惊讶之余连忙将他叫到大阪,问明事情缘由后对他表示了谅解。这让写信的那位干部认为自己失去了立足之地,于是离开了公司。浅田刚治用3年的时间几乎将公司的30名员工全部替换了,并对硬件做了提升,新设置了当时还十分少见的婚庆教堂等。"由于整个行业的服务意识较低,所以只要用心就能做出成果。"他在职约6年时间,销售额翻了5倍。

儿子能够将父亲的事业带上新的舞台是最理想的事业继承状态,但作为儿子的浅田刚治在"家族氛围",也就是家族与公司的关系这一点上,从一开始就与父亲有隔阂。父亲非常注重由家族经营,并不打算让员工也具有经营眼光。但浅田刚治认为拘泥于家族成员很难吸引优秀的经营人才,也不利于事业发展。他不仅对员工委以重任,还打算在培养优秀人才后让家族以外的人接手经营。他不仅推行脱家族化,而且计划发行股票。虽然理念不同,但浅田刚治也尽量让自己不与父亲发生冲突,即使对父亲的异议也从不全盘否定,他认为"等到了自己掌握实权的阶段再向着自己的既定目标前进即可"。

但最终父子之间还是发生了激烈冲突,起因在于家族成员进入公司。浅田刚治的二姐寻找新工作,他将她安排到婚纱分公司就职。由于反感将家族氛围带入公司内,他未对任何员工说过她是自己的二姐。当时实行的是对有能力员工给予奖励的成果联动型薪水制度,选拔提升具有实绩的员工,目的是提高公司效益。而他的二姐所在分公司的总经理就是这样的人才,但他的二姐与该上司完全合不来,经常对母亲抱怨说"不喜欢那个总经理"。这件事很快就传到了他的父亲耳中,激怒之下的父亲再次把他叫到了大阪。

其实,引发这次怒火早有伏笔。父亲在浅田刚治就任总经理后每年会造访名古屋一次,但浅田刚治表示"讨厌父亲这种什么都不做,就在员工面前摆出领导者姿态的行为"。在与二姐发生冲突之前,他的父亲造访名古屋时,他为了不让父亲和员工见面,故意锁上了办公场所的门,并告诉父亲:"反正现在很赚钱,您只要保重身体就好。"但父亲并不接受这种说法,直接回了大阪。仍对这件事怀有不快的父亲在听说了他的二姐的事之后,命令他立刻开除二姐所在分公司总经理,但他认为因亲人无故解雇员工会严重影响经营,因此拒不接受。在"开除"与"不行"的反复拉锯中,他最终感到难以忍受，表示"那我走"。这是他第一次正面违抗父亲，而父亲则回答："要走就走！"就连他的母亲也因为同情二姐而附和道："那你走吧。"于是，他就这样与家族断绝了关系。

由于父亲持有公司100%股份，浅田刚治只能离开公司。执着于家族经营的父亲让长女代替他担任总经理，交接共费时3个月左右。浅田刚治虽然与员工做了告别，但谈及自己辞职的理由时只说是"个人问题"。毕竟之前他为脱家族化经营付出了不少努力，如今却因家族对立而离开，这原因实在难以启齿。

❖ 继承事业与创业的不同

浅田刚治当时30岁，创业契机来自父亲公司的部下问："要不要一起重新来过？"由于之前的尝试都半途而废，所以浅田刚治认为这次应该可以追求自己理想中的经营方式，而当初本没什么兴趣的婚庆事务已在不知不觉之间成为他最擅长且最喜欢的工作，所以选择这一领域来创业也是自然而然的事。2000年，他创立了诺瓦雷斯公司。虽然与父亲处于同一行业，但他认为市场规模很大，并不会给彼此带来不良影响，所以不用在意。

但父亲并不这么认为。"不听父母的话一意孤行，就算创立了公司迟早也会失败，然后只能灰溜溜地回来。既然如此，不如早点失败。"——父亲的这番话是由想要修复亲子关系的母亲传达的。实际上，父亲也要求鲜花店和酒店等原公司交易对象不得与诺瓦雷斯公司合作，因此，浅田刚治不得不从零开始寻找供货商。

好在诺瓦雷斯公司汇集了不少经验丰富的老手，这让新公司从创业期开始就一帆风顺。没有设施，浅田刚治将业务集中在婚纱销售和租赁、为租借婚庆场所的婚礼提供婚庆设计等。很快，在日式大厅举行婚礼的婚礼设计，数量就翻了10倍以上。对于父亲在交易对象上的阻挠，浅田刚治也能以"这证明新事业不靠过去的人脉"这样积极的态度去面对，他坦言："当初父亲公司的员工大多都十分散漫，对经营带来了各种阻碍，总的来说负面遗产更大。诺瓦雷斯公司是从零开始，因此无须顾虑太多，而且从一开始就能和员工同心协力。"

与断绝关系的父亲再会是浅田刚治创业1年后的事。当时，父亲以购买墓地为契机召集全体家庭成员聚会。虽然浅田刚治已经不再和父亲联系，但也收到了"过来一趟"的邀请。这当然无法拒绝。于是，他与阔别一年的父亲相见。当时浅田刚治坦率地说："过去因为年轻气盛，对您说了一些不知轻重的话，非常抱歉。"他清楚父亲抹不下面子，开口让他回来，因此自己先行道歉。"因为创立了诺瓦雷斯公司之后不再依赖父亲，彼此之间不再有事务上的纠葛，情感上反而更单纯、更坦然了。"借着这次机会，浅田刚治还修复了与二姐的关系，母亲也由衷地表示"居于你父亲之下很难自由，所以离开公司也是好事"。

但好事多磨。与诺瓦雷斯公司合作的日式餐厅运营公司在提出修建新的举办婚礼的设施时，浅田刚治对运营公司总经理妻子的企划方案提出了意见，却因此遭到了强烈反对，对方停止了与诺瓦雷斯公司的所有合作。但这次危机也带来了新的改变，2003年，诺瓦雷斯公司转换了企业设施的所有权,提高运营自由度,让更为细致的服务成为可能,从而实现了新的成长。不过,转换设施所有权时他并未向父亲和姐姐提及,因为虽然家人之间和解了,但彼此已在事业上走上了不同的道路。直到四五年之后,浅田刚治才能以同业者的姿态与继承父亲公司的姐姐在闲聊时谈及公司经营状况。

浅田刚治在创业时就不打算将诺瓦雷斯公司转为家族企业。不仅如此,他还很早就宣布"到45岁就引退"。他的想法是明示期限,便于未来有能力担任总经理的人进入公司。他坚持公私有别,坚决不将家族氛围带入企业中,从不让妻子和两个孩子来公司,并于2016年3月将经营权一职转交给了当地土生土长的总经理。他一直在思考企业与家族的关系,坦言:"我从不认为自己是企业的拥有者,也不打算只靠自己一人培育并把持公司。"觉得自己离开公司后,家族也将随之失去对公司的控制,于是,他随后就让出股份,彻底离开了诺瓦雷斯公司。

曾一度结束家业——超级酒店董事长的商道

顺利实现事业继承的家族企业也可能在家族经营中陷入困境。超级酒店（Super Hotel）公司（位于大阪市）董事长山本梁介在继承家业后的很短时间内就关闭了公司，但他依旧继承了源于家族的经营遗传基因，重新开创了新的事业。作为在全日本拥有124家旅馆的超级酒店公司创始人，山本梁介回顾当初痛苦的日子时这样说道："当时我无数次想过停止家族事业，但总想着对不起先祖，一直难以启齿。"超级酒店公司取消了需要在门的数字键盘上输入密码的房门锁，以自己独特的门锁装置实现了彻底的降低成本，并大力培养员工和务工人员；同时坚持在早餐服务中使用真正的黄油而非人造黄油等；标榜"非表面的本物主义"，以自己独特的商业模式提升业绩。公司不仅在日本，还在越南等地发展旅店设施，并两次获得日本经营品质奖。

山本梁介家在大阪的商业街船场经营纤维商社，商社创立于1890年，在战前是日本屈指可数的棉花商社。作为创始人的祖父也是励志的传奇性人物，他捡拾原棉卸货时的"落棉"，洗净烘干后再出售，以此奠定了事业基础。祖父有自己的纺织工厂，他一边观察原棉市场的变动一边销售纺织品，具有自己独特的商业直觉，且积极向中国等海外国家拓展。作为第二代，山本梁介的父亲是入赘女婿，他也让事业取得进一步发展。战后由于失去了海外资产，事业规模缩小，但父亲依旧保住了在船场的事业。当时母亲作为创始人的女儿，也在公司工作。她深知家业一路走来的艰辛，因此对公司的爱尤为深沉。山本梁介出生于1942年，经常跟着母亲到公司，主管叫他"小老板"，女性员工则称他为"小少爷"，每到有运动会或采松茸等公司活动时，山本梁介都会参加。小学五年级时，他家也搬到船场附近，家族事业与他的生活更加密不可分了。

和所有船场的商家一样，山本梁介从小就习惯于被"钱不能带到棺材里，活着才能花钱""平凡的积累能铸就非凡"等人生格言教导。父母虽然没有明确地表示要他继承事业，但作为长子，他自然而然地认为这是自己不可推卸的责任。上大学时，他也以继承事业为前提，有意识地选择学习经营理论，并在上学期间获得家庭支持，前往中南美旅行。那是1美元等于360日元的时代，到海外旅行的同行者中大多也是经营者子弟。

1964年毕业后，山本梁介进入与父亲交好的一位管理干部所在的公司学习，该公司是大阪的纤维化学品商社。当时的风气是，专营不冒支付佣金的风险。但山本梁介依据自己在大学所掌握的知识，认为"金融和配送以及开发能力才是今后商社的发展之路"。他以自己的想法为基础，提出制造有设计感的女性内衣。虽然当时船场的人都嘲笑他异想天开，但这款商品很快吸引了大制造商，并且大获成功，他因此得到了第一次成功体验。

但父亲也在这一时期患病。面对家业危机，山本梁介从学习了3年的公司离职后回到父亲的公司。当时，他每天的一项事务就是向在家疗养的父亲报告公司中发生的事。看到父亲听取报告时点头微笑的样子，山本梁介心知他应该很享受父子共同经营的时光。当时的员工共有约120人，担任主管的老干部对他说："小老板只需要签字盖章就行了。"但山本梁介从小所受教育是"只会签字盖章一定会出问题""印章比生命更重要"，所以无论大小事都会和父亲商量之后再决定。虽然经常也会和父亲有想法上的冲突，但考虑到与父亲发生冲突会不利于他的身体恢复，所以山本梁介尽量保留自己的意见。

1年之后，父亲病逝，25岁的山本梁介就任总经理。此时的他拥有在其他公司获得的成功经验，而家族企业内的不少员工是他从小就熟悉的人，因此继承父亲事业后，他怀抱雄心壮志，想要作为第三代继承人让公司得到进一步发展。

但事与愿违，继任后仅4年，这家持续了近80年的企业就被迫关闭。回顾当时，山本梁介表示："如今想来，那时的我不过是个不懂经营的傲慢年轻人罢了。"

当时，他一心认为开发不出新产品就不可能实现企业发展，但要制作前所未有的东西是极其困难的。于是，他提出"既然如此，就先让生产能力达到一个别人无法比拟的高度"，并导入了对顾客的ABC分类法。他在公司内张贴业绩图表，研读了100余本经营数据。其实现在回想起来，他的目标并没有错，但过于年轻，经验不足，没能将企业内部团结起来。山本梁介表示："当时作为领导者具有极强的责任感，但误认为自己可以以权力强迫员工做事。"例如，曾有老干部对急于改革的他进言："我懂总经理的意思，但现实是做不到的。"而他每次都认为这是给予的压力不够，于是以更严厉的态度投入经营。不仅在公司内，他还在家中通过电话对销售负责人和旗下厂长以强势的语气下达指示。一直在船场生活的母亲也曾提醒他注意说话的分寸，但他并没有改变态度。

正当山本梁介逐渐被孤立时，旗下的工厂又发生了激烈的劳工运动，老干部在此时也选择站在员工一边。"我就像是第一次打高尔夫就进入了25码内的终打区，所以后来随意挥杆，作茧自缚。"虽然最终通过交涉，在劳动条件上达成了一致，争议也暂时平息，但员工已经和他离心。另一方面，纤维产业也失去了曾经的势头。他坦言："因为我无法想出像现在的优衣库一样的创意，所以企业发展前景艰难。"当时，他不仅无法掌握企业状况，事业环境也发生了变化，于是产生了关闭公司的念头。但每到此时，他都会觉得对不起先祖，因此迟迟难以下决断。尤其令他在意的是母亲，因为对母亲而言，公司是从小伴随在她身边的，公司的发展与家人的回忆密不可分；如果自己对她讲明要关闭公司，她该会有多失望呢？想到此处，他怎么也开不了口，而且即使坦言自己的想法，他也没信心说服意志坚决的母亲。但企业状况日益恶化，终于有一天他下定决心向母亲说出了自己的打算，坦白"我打算关闭公司"。令人意外的是，母亲并没有反对，她回答道："你想关就关吧。"在公司任职的母亲身处劳动争议的旋涡中心，且对工厂非常熟悉，十分了解企业内部状况，也许是注意到了纤维产业的变化，她接受了儿子的提议。不过作为在船场长大的女性，她也提出了附加条件，那就是必须每月给她规定的金额。

获得母亲谅解的山本梁介以将公司的商誉转移给老资格干部旗下公司的方式关闭了家业，并将工厂卖给了大企业，从此摆脱了祖

第五章 脱离家族的选择 | 137

父和父亲一手创造的事业。

但山本梁介在这一过程中尽量不给交易对象制造麻烦,也让员工继续被新东家雇用。因此,结束家业并没有给人留下芥蒂。山本梁介表示:"也许对员工而言,没有了任性的小老板反而更轻松,但我也希望他们知道我曾努力过。"由于有家族积累的资产,这时的山本梁介并不为生活所困,但他从未想过从此以后什么都不做。虽然取得了母亲的谅解,但他仍认为"如果不能在其他领域取得不逊于家业的成绩,那实在愧对先祖"。

这种使命感成为启动下一个事业的发条。在关闭家业后,山本梁介开始涉足不动产事业。20世纪70年代以后,由于单身人士增多,对单身公寓的需求与日俱增。他抓住这次机会实现了再创业,并在短期内以关西为中心出售了约5000户公寓。对此他认为:"虽然结束了家族事业,但我从祖父和父亲那里继承的精神仍在。"母亲也感触颇深地表示:"这可能是事业遗传基因的传承。"

❖ 在船场得到的教诲令他受益匪浅

也是在这一时期,山本梁介第一次知道祖父也曾在经营纤维业时涉足过不动产事业,这让他感到冥冥之中自有天意。但进入20世纪90年代后,泡沫经济的崩溃也给他带来了不小的打击,一大半设施也在此期间出售。不过,他并未就此退缩,又利用经营不动产业的经验转向了旅馆经营,强化住宿服务,实现了在全日本发展。事业再次步入轨道时,他打算为希望每天都能泡温泉的母亲尽孝,于是着手在大阪市内开发温泉。成功之后，母亲自然是惊喜不已，但也表示："我一个人用太浪费了，希望能提供给更多的人。"于是，就在该温泉处又建设了旅馆，虽然母亲在它完工前就去世了，但她的一生可谓是船场女性的典范。

虽然结束了家业，但"钱不能带进棺材里""平凡的积累铸就非凡"等在船场得到的教诲令山本梁介受益匪浅。现在回想起来，结束家业后他第一次参与的不动产项目就是船场周边的大楼。该大楼在一段时间内也是超级酒店总公司所在地。不过，由于设施老化，经过改建，2016年4月又作为新旅馆开业。

关闭家业的经验让山本梁介走到了今天，但这条路并不是一帆风顺的。当初在家族企业中与员工离心，他为此反省了自己的错误，因此在转入不动产行业时，他本打算与员工共享经营成果，但当他动用大量资金，仅一次交易就获得巨额利润时，他逐渐将这种想法抛之脑后。经历了两次挫折，在创建超级酒店公司时他决心贯彻自己的经营理念，坚持充实每天的早会，关注每一名员工，导入能促使他们实现自律性成长的机制，而这也让他两次获得日本经营品质奖。

山本梁介的长子在超级酒店担任总公司副总经理，次子则在相关分公司中担任经理。对事业遗传基因深有感触的山本梁介曾对两人说道："在大企业中与你们处于同样地位的人必须经过各种竞争，跨越无数困难。而你们没有获得这些经验的机会，但在企业经营中，经验与经营理念同样重要。作为家族人员，对事业的坚持也是我们的优势。"这并不是要宽慰他们，而是希望他们将家族的优势带入今后的经营之中。

破产之后，林原公司原总经理谈论兄弟的"自立与羁绊"

家族企业有时候会以意想不到的方式画下休止符。比如，多名家族成员在同一家企业工作，有时会因沟通不畅而让企业内部陷入混乱，即使是原本关系亲密的兄弟也一样。

冈山市林原生物公司在申请使用企业重建法之前是以技术开发而闻名的家族企业。它破产的原因之一是，身为哥哥的总经理林原健埋头于研究，与负责会计、担任常务董事的弟弟林原靖之间交流不足。本文是对已经进入下一个领域的大哥林原健所做的采访。

经营失败后，兄弟的辞职也给家族经营画上了句号，林原健在长濑产业公司总经理的支持下重组公司，成为长濑旗下的子公司，于2012年3月完成重组手续，以天然糖料"海藻糖"等产品为支柱，开始了新的发展战略。原本总公司和停车场所在的日本铁路公司冈山车站附近的一大片自有土地，在申请企业重组的7个月后，出售给了大型流通公司——永旺梦乐城（AEON MALL）。原地址上的建筑物也于2014年12月被拆除，上面重建为大型购物中心。如今四周已不复昔日模样，令人不禁感叹岁月沧桑。

原先担任总经理的林原健，现在不仅作为大学的名誉教授站在讲台上执教，还为多家企业的产品开发提供建议。他现在倾尽全力将自己前半生的经验和想法传授给长子。据他透露,其中包括不少极其细节的部分,以及无论如何都想传授给家人的部分。他的想法是,通过传授经验给长子,也许能通过对接新技术创造出前所未有的东西。他表示:"我的经验都是能直接口授的,不需要什么专利。极端一点来说,这种做法只要代代传承,也许能流传几百年。而我的主题就是以这种方法创造出崭新的模式。"他并不打算将理论用于企业化及企业发展,他只是利用家族的优势摸索新的家族经营模式。

不再是企业经营者之后,林原健于2014年出版了阐明家族经营内核的单行本《林原家——家族经营的警钟》,并在书的前言中写道:"为我曾经的失职、给他人带来的麻烦而致歉。"他在书中坦言:"究其破产的原因,在于负责会计部门的弟弟林原靖与我之间的关系。"当时林原健闷头搞研究开发,将会计方面的事全权交给了弟弟负责,而这在家族经营中形成了隐患。

林原健在著作中回忆道:"对于所有经费,我们兄弟都没有做过任何交流,在毫无审核的情况下进行投资,最终导致公司走上了破产之路。"无交流,并不意味着两人之间产生了冲突或进行了激烈争论;相反,他们彼此见面时都能很自然地交谈,然而无论怎样频繁地交谈,彼此之间都没有实质的沟通,两人的思维完全背道而驰。林原健表示:"不知从什么时候开始,我们再也无法沟通了。这也意味着作为经营者的我对于公司的情况过于疏忽。"

家族经营中往往会存在误区,认为"既然是兄弟,那无须多言也能彼此了解""既然是父子,那自然心灵相通"。这种"毫无依据的信任感"会导致交流不足，也会给企业带来负面效应。问题在于，家族人员之间各自的意识并不是永远一致的，即使是关系融洽的兄弟姐妹，随着年龄的增长，彼此的思维也会产生微妙的变化。结婚、组建家庭、生育孩子，也会导致意识的改变。因此，多个家族成员在同一家企业工作，其家族经营尤为困难。

林原健认为："家族中的每个人都必须实现自立。简而言之，就是自己一个人也能不靠家族生活。如果没有自立能力为基础，即使同为家族成员也很难共同经营。"

❖ 最后见面的日子

兄弟两人已经一段时间没见面了。最后一次会面是2012年，也就是外部调查委员会调查公司破产原因结束后，地点是在94岁的母亲去世时的医院房间内。当时林原健对弟弟说道："我至今认为让你进公司工作并没有错，是作为总经理的我没有尽到自己的职责。"但他也在著作中写道："从此以后再也没有见面。"

之后又过了几年时间，林原健也找到了自己新的奋斗目标，但不打算与弟弟再共谋事业的想法并没有改变。不过两人依旧是兄弟，是家人，结束的只是家族经营。林原健认为，也许今后弟弟会遇到什么困难，他说道："到时候他也许会来找我，那时我们就会再见面了。"

Chapter 06

第六章

不为人知的『另一个主角』
——扎根于日本经济的家族经营

调查"家族"占5成以上的3600家上市公司

人们对于家族经营往往持诸如"除了部分企业之外,大多都是小规模公司""与非家族企业相比,企业管理形态太落后"这样的看法。但这其实是一种误解,因为上市的家族企业的比例并不低。从股票持有和管理层构成等方面来看,家族企业的中枢更稳固,根基更广。

日本经济研究生院的后藤俊夫特聘教授的团队,以日本全部上市公司(约3600家)为对象,对其家族关系的实际状况进行调查。家族范围设定为创业者的"两代以内",以股票持有比例和管理层选拔状况为基础分为6种。其中符合多名家族成员为"前10的股东"或"管理层干部"的条件时,将该企业定义为家族企业(家族事业)。对于资历尚浅的公司,由于创业者色彩浓厚,管理层干部和股东都是创业者,是否有家族存在感尚不明确,因此这类企业不被定义为家族企业,被分类为"单独"项。此调查基于2014~2015年的数据。

以这次的标准被定义为"家族企业"的公司占全部上市公司的53.1%,在股票公开的企业中过半数。家族企业中,既有家族成员担任最高层管理职务的,也有家族成员几乎不接触具体经营的,在企业中的相关度各有不同，但相同点是都有一定的存在感。后藤俊夫教授分析："被分类为'单独'项的公司，将来也可能演变为家族企业，因此实际家族企业的比例还会更高。"

我们早已知道，中小企业中大半都是家族企业，而大企业中也有如三得利这样的非上市家族企业。通过这次调查可知，上市公司中的5成都具有家族色彩，让人不得不重新审视家族事业对日本经济的影响。显然，家族存在感并不仅存在于中小企业。

从国际性的角度比较股票市场后发现，家族企业的高占比并不仅限于日本。

在海外，美国的标准普尔公司和《财富》杂志各自选出的世界500强企业中，家族企业占3~4成，德国的主要上市公司中也有4~5成为家族企业。这些调查方法与时间各有不同，无法单纯地就比例来做比较，但从世界范围来看，家族企业显然是经济主角之一，其中发展全球性事业的家族企业占多数。显然，从企业的管理模式来看，家族企业也并不落伍。

按上市公司的市场类别来看调查结果的话，家族企业占比最高的是新兴市场，达62.5%，比例从东京证交所2部（59.2%）到东京证交所1部（45.2%），呈阶段性下降趋势。而详细分析这次的调查结果后发现，东京证交所1部的公司中，每4家中就有1家有家族出身的"干部"且是"最大股东"。从行业类别来看，较为突出的是零售业，其中77.8%都是家族企业。同样，在非制造业中，批发占75.4%，服务占56.6%。相对的，银行业的家族企业占比非常低，而制造业中食品业占66.7%、机械占61.4%，等等。它们都居于上位。

以总公司所在地为基准，家族企业在日本占比由高到低是中部、甲信越、北海道、中国和四国、关西、除东京以外的关东、九州和冲绳、东北、东京，从整体来看地区企业占大多数。此外，按东京和东京以外区域划分的话，东京地区更高，两者差距近20%。该调查显示，地方企业往往是家族扎根当地，实现事业发展的家族企业。

上市的628家企业中，家族占有三分之一以上股份

那么，从股票占有比例来看又如何呢？据后藤俊夫教授调查，上市公司中，创业者具有影响力的家族企业中持有三分之一以上股份的公司共计628家，占总数的17%左右。

公司的合并、解散、章程变更等重要的决策必须召开特别会议，在股东大会上获得三分之二以上的股东同意。反过来说，如果拥有三分之一的股份，就能否决特别会议的决策。具体来看，家族成员拥有三分之一以上股份的628家企业中，持有股份达到能决定特别会议决策的三分之二以上的占52家。以高持股率为基础，家族成员进行直接经营的情况非常多，董事长、总经理是家族出身的公司达41家。此外，除董事长、总经理以外的管理层干部也有家族成员的公司有11家，而管理层干部没有家族出身的公司为零。

持股比例在三分之一到三分之二之间的家族企业共576家，这样的企业拥有特别会议决议的否决权。这样的持股比例不仅能导入公募增资带来的外部资本以图上市红利，也可以凭借否决权维持家族的影响力。这576家中，董事长或总经理是家族出身的有475家，超过8成；除董事长、总经理以外的管理层干部是家族出身的有38家，显然家族与经营的相关程度极高。三分之一到三分之二的持股

中，管理层干部没有家族出身的公司为63家。

后藤俊夫教授还对明治时代的1890年至2015年间上市公司中家族持股与管理层干部人数进行了调查。从多年变化来看，在战后家族企业有一个尤为明显的趋势，即从创业开始逐步通过公募增资等方式，降低家族的持股比例。而持股比例的降低也造成了家族影响力降低，最终家族管理层干部占比人数也随之降低。但也有部分例子显示，家族即使远离经营也会维持持股比例，后藤俊夫教授认为可以从三个角度来考虑其原因。

其一，家族中没有适合做管理层干部的人。除了从年龄均衡考虑，选择非家族出身的"临时继承人"之外，近来招揽外部人才作为"专业经营者"的公司也日渐增多。

其二，家族成员出了问题，引咎辞职退出经营第一线后，将管理职责委任给其他非家族经营者。后藤俊夫教授表示："由于海外基金日趋活跃化，家族企业的所有与经营也在复杂化。因此，上市公司中家族与经营层的对立，在今后可能会加剧。"

其三，家族成员不直接参与经营，实行"君临但不统治"的方式。

今后，三分之一的家族持股比例还可能在其他意义上引人注目。以美国标准普尔公司公布的世界500强（除金融以外）企业为对象进行的研究表明，家族的持股比例未达到3成时，业绩都呈上升趋势，但超过3成就会出现业绩下滑。后藤俊夫教授认为："家族的影响力与业绩之间的关系非常重要，日本也在对其进行包括制度等方面的研究。"

从企业所有权方面来看，创业者等与企业关系颇深的家族成员所持有的资产管理公司也是非常引人注目的存在。后藤俊夫教授表示，约占上市公司的26%，也就是几乎每4家就有1家，共918家企业的创业者及家族成员所持有的资产管理公司，创业者及家族成员都是十大股东之一。从资产管理公司的所在地来看，日本大多数都位于各都道府县，位于东京的公司数量居第一。海外则位于新加坡等亚洲国家，也有的将总公司设在美国、荷兰等欧美国家。按不同行业划分，流通、服务等家族色彩较重的上市公司大多都持有家族的资产管理公司。资产管理公司的股东则几乎都是家族成员，其中有的还将所持有公司的名字以系列命名，形成"金字塔构造"；还有的家族持有多个资产管理公司，比如有的家族持有7家公司。557家家族企业中，家族所持股的半数以上都集中在资产管理公司。

由于家族相关信息入手难度较低，后藤俊夫教授又对股东为3人以上的52家资产管理公司做了进一步调查，发现在经营方面，上市公司的总经理兼任资产管理公司总经理的情况占三分之一。除了兼任之外，资产管理公司的总经理大多由上市公司总经理的父母、配偶、兄弟、子女等担任。从大股东的角度来看，在资产管理公司持有股份的上市公司的经营者约占四分之三，其次为配偶，再次则是子女。

少数股东的家族总经理——两种正确性的表现方法

在日本的上市公司中，即使创业者及家族成员并非支配性的股东，多数情况下也持有经营权。那么，家族是如何提高自己在公司内外的"认可度"和"正确性"的呢？这里来看对带有家族色彩的上市公司极为了解的大阪市立大学的吉村典久教授的考察结果。

吉村典久教授调查1980年度至1995年度的上市公司时，发现在股份持有方面，法人的过半数，其支配性——包括家族支配性的公司呈减少趋势，但没有支配性股东，即事业法人的最大持股比例不到2成及个人股东的最大持股比例为1成以下的公司在逐渐增加。这看似非家族经营者的数量正在扩大，但实际上靠升迁出任的总经理仅占3成。

持有权与经营权的差距之所以在缩小，是因为有非支配性股东，但担任管理职位的家族出身者。吉村典久教授表示："在日本，家族的存在感更多地展现在经营而非股份持有上。"这种倾向最近仍在持续。后藤俊夫教授调查发现，2014~2015年间的数据显示，持股比例不到1成的家族企业中，家族出身者担任总经理、董事长的上市公司达295家。另外，如2016年10月12日丰田汽车公司发布合作事宜的丰田章男总经理和铃木公司的铃木修董事长，两人的出股比例虽然都很低,但都发挥了强大的领导力。

❖ 通过快速升职以求获得经营能力

针对持有权与经营权之间有差距的状况,家族应该如何管理企业?又该如何获得认同感呢?由于每个企业的情况不同,这里很难给出明确的答案。硬要总结的话,要点之一应该是家族出身的继承人必须拥有必要的经营能力。吉村典久教授以电气机械、精密机械领域的上市公司总经理为对象,调查他们的职业履历后发现:2005年时,家族出身者从进入公司到就任总经理,只需要8.3年时间,而非家族出身者就任总经理则需要26.9年。显然,家族出身者晋升所需时间只是非家族出身者的三分之一左右。因此,家族出身的管理层干部就职年龄平均仅36.1岁,非家族出身者的就职年龄则为50.9岁,前者足足年轻了15岁。就任总经理的年龄,家族出身者平均为47.2岁,非家族出身者为58.3岁,前者的升职速度十分引人注目。

而这就造成职业生涯过程中的经验等方面的不同。日本习惯将同期入职的员工进行横向比较,花时间进行培育打磨。这种方法便于同时培养多名中层管理者,但要培养经营干部这类人才则需要花费大量时间。相比之下,家族企业中,家族出身者在父亲等亲属担任总经理时就获得能够参与经营的职位,比如就任海外法人或分公司总经理等,为以后任职企业最高管理人积累经验。这样的经验虽然并不一定能与他就任总经理后的实际表现挂钩,但毫无疑问,这样的安排确实是能磨炼经营直觉的机会,也是发展能力的舞台。吉村典久教授分析:"能尽早地获得公司管理机会,在作为经营者的能力方面也对员工有一定的宣传效果。"

针对持有权与经营权之间有差距的状况,还有另一个要点是,持股带来的经营动机与参与度。家族具有经营权的上市公司,即使家族成员中没有支配性股东,但与其他管理层干部相比,一般仍持有相对较多的股票。这时,个人资产占公司股票比例较高,企业规模越大,因业绩获得的分红收入也就越高。企业的繁荣与家族的繁荣共生共存,这自然能提高其投入事业的动机,并且能成为其积极参与的原动力。吉村典久教授认为:"从中长期来看,基于'他们一定会为自己努力''万一公司有什么,他们也逃不了'等原因,其他人会对家族成员产生信赖感,从而使其担任管理职更具合理性。"此外,家族色彩浓厚的企业,大多数员工在入职时就已经大致了解了家族的存在,因此不少人也会默认"下一任也是家族子弟""总经理宝座根本不存在竞争",从而更容易接受继承人的升职速度和接受额外的培养。而根据吉村典久教授的研究表明,家族出身者在就任企业管理人之前所需时间有增长的趋势,其原因可能包括企业规模扩大导致需要培养家族成员以外的优秀人才,以及股东意识的提高使他们对家族经营的眼光比以往更为严苛。

令世界瞩目的入赘女婿的优良经营

本文从更长的跨度来考虑上市公司中家族与事业的关系。最近的研究表明，从战后的日本经济发展角度来看，家族经营所承担的职责相当重要，其中包括入赘女婿这种独特的机制。京都产业大学沈政郁副教授等人通过研究发现，世界的经营学者如今都将目光投向了日本的家族经营。这里所定义的家族企业是指创业者家族中有持股在前10位以内的股东，或者有担任总经理和董事长的人。

首先调查的是从股票市场重开的1949年到1970年为止的1367家上市公司的属性，他们发现家族企业有577家，非家族企业有790家。将它们按上市时间来分类，两次高峰期分别为：（1）战前财阀企业上市的1949年到1950年；（2）因"二部市场"的创立，年轻企业获得上市机会的1961年到1964年。沈政郁副教授调查了高峰期与家族企业之间的关系，发现（1）是以战前代表性的家族企业财阀解体而成的非家族企业为中心，而（2）则大半都是家族事业。上市公司数量在进入20世纪70年代后陷入低迷，再次活跃起来是在新兴市场开设之后，其间日本的股票市场基本没有大的变动。对此，沈政郁副教授分析认为："战后的日本经济，包括非家族化的财阀系旧企业和新成长起来的家族企业两部分，它们彼此竞争又彼此融合。"

那么,家族企业与非家族企业相比,哪一种在战后更具收益性和成长力呢?比较两者的资产收益率和销售成长率后发现,两者都是家族企业高于非家族企业。针对家族企业的研究表明,进入2000年以后,家族企业开始急速发展,各国的家族企业都在业绩上表现出一定优势,并且在规模上也占上风。沈政郁副教授等人的调查显示,日本家族企业在业绩方面明显更佳,对战后的日本经济成长做出了较大贡献。

该研究最特别的一点是,进一步将家族企业进行分类,关注"究竟是谁在经营",并比较业绩。将企业管理人按创业者、入赘女婿(包括女婿)、除此以外的其他亲人、亲人以外的专业经营者进行分类后分析发现,比较资产收益率方面,创业者为第一,紧接着是入赘女婿,而销售成长率方面依旧是创业者最高,其他亲人和入赘女婿的数据基本相同。

最引人注目的是创业者所带来的高经营成长力。既然能够克服困难重重的创业期实现公司上市,其"创业者效果"自然很显著,在某个意义上来说高成长力也是理所当然的事。但事实上更应该注意的是,入赘女婿的经营依旧有较高成长力。在日本家族企业的事业继承中,入赘女婿这种古老的机制早已扎根,而欧美甚至日韩都没有入赘女婿制度。沈政郁副教授指出:"入赘女婿其实就是'新儿子'的机制,不仅适用于无继承人的情况,还适用于没有足以继承事业的亲人,即出现'笨蛋儿子问题'时。家族企业虽然支撑了战后日本经济发展,但这种日本特有的入赘女婿机制确实令人很感

第六章 不为人知的"另一个主角" | 155

兴趣。"研究内容于2013年在世界权威的某金融研究学会杂志上发表，引起了巨大反响，让经营学研究第一线均瞩目于日本家族企业及入赘女婿机制。沈政郁副教授又将调查对象扩大至1970年以后的上市公司，但研究表明家族企业的业绩有时仍未改变。

最新调查表明，家族企业"既攻且守"

我们现在已经了解了一些家族企业的行为哲学，往往容易认为保守性的家族企业经营其实比非家族企业更为积极地扩大和利用总资产。日本经济大学的落合康裕副教授等人以上市公司为对象进行的调查也显示了这一点。

调查对象为东京证交所1部和2部的上市公司，加上地方上市公司，共计2300家公司，其中家族企业1200家，非家族企业1100家，以各企业的5期经营数据为基础进行分析。从展现经营稳定性的资本充足率来看，家族企业连续5期高于非家族企业。家族企业的资本充足率平均为53.7%，而非家族企业为43.6%，前者高出后者约10%。同样作为企业稳定性的指标之一，从展现短期支付能力的流动比率来看，依然是家族企业连续5期占据优势。家族企业的流动比率为233.6%，而非家族企业为189.9%。两个指标表明家族企业的特征从数据方面颠覆了人们以往认为其"过于保守""更新换代过慢，发展迟缓"等观念。

该调查还涉及了支撑家族稳定性的机制。落合康裕副教授这次调查的目标是资产成长率，以调查对象的平均时间来看，非家族企业为6.3%，家族企业为7.2%，后者高于前者。由于家族企业是从前一代手中继承资产，从这个意义上来说必须守住家业并将其传给下一代，但仅仅守成很难适应时代和行业结构变化。资产成长率高，表明家族企业的经营者展现出了增加设备投资和资本的积极姿态。换言之，家族企业不仅会防守，还具有攻击性的一面。

该调查是日本经济大学研究生院后藤俊夫教授的团队研究中的一环，团队将目前的研究成果和详细调查数据等结合在一起整理成书，名为《家族事业白皮书2015》。

墨守成规的家族企业在面临改变时……

在行为动机上,家族企业所参考的对象一般是其他家族企业。这虽然会让人才联系更为紧密,但一旦企业运转出现问题,就可能失去发展的机会。

新加坡经营大学的好川透教授和京都产业大学的沈政郁副教授的共同研究数据表明,调查上市家族企业会起用什么类型的外部人员时,发现它们基本不用外部人员,即使选用,往往也倾向于从其他家族企业中挑选。调查的结果显示,由于对让陌生的外部人员进入家族事业内部怀有不安,所以往往会选择具有同样的家族企业经验且价值观相近的人。美国的研究也得出了同样的结果,可见在人际关系网络方面,家族企业具有共同的行为动机。

接着调查的是上市公司的管理层干部制度。针对管理层干部的录用情况,得到调查对象企业1997~2004年累计数据,家族企业的录用率为17%,而非家族企业的录用率为24%,前者的消极态度十分明显。显然,维持家族控制对于家族而言是更为重要的课题,因此不会考虑与经营控制权有关的管理层干部结构改造。

不过,在社会形势的变化中,家族也不可能保持一成不变,这是多数家族企业已经意识到的问题。他们在维持家族控制和经营环境变化之间摸索着自己独有的方法。当面对像管理层干部制度这种与家族控制相关的变化时，用人关键在于人际网络。调查家族企业采用管理层干部制度时发现，如果起用来自已采用先行制度的其他家族企业的外来管理干部时，该企业也采用同样制度的概率极高。显然，通过来自其他家族的管理干部了解并学习他们的制度后，自己也能从同样具有家族控制结构的其他家族企业中获得经营的灵感。而非家族企业即使录用外来管理干部，也并不一定会导入相同的制度。

家族企业更为固守传统，重视人际关系，家族企业之间联系紧密。对于这一点，好川透教授认为既有利也有弊。比如，当起用来自其他家族企业的外来管理干部时，由于该干部了解家族企业的状况，就能站在对方的立场上给出建议，不会提出贸然的计划。反过来说，由于他仍是家族经营的固有思维，所以一旦提出的建议无法摆脱家族固有桎梏，就无法完成自己必要的职责。各家族企业之间的联系是否能实现企业发展，其关键在于经营者。

在做共同研究时，好川透教授主要负责调查企业管理，他相当了解以新加坡为代表的亚洲各国及欧美等国的家族事业动向。他认为企业可分为股东行为动机、参与人行为动机、家族成员行为动机、当前状态这4种模式，具体选择哪种行为动机，各企业均有不同，也有企业同时具备多种行为动机，并且不同行为动机的企业在同一个市场中并存，有时也会发生冲突。另外，即使是基于同样的行为动机，不同条件下也会出现差异，比如将新加坡和日本的上市公司做比较后就发现，新加坡企业的家族持股比例更高，家族的不受控与家族之间的冲突更为表面化。好川透教授强调："即使同属于家族事业，也不能一概而论，今后必须在类型化的基础上做细致的分析。"

Chapter 07

第七章

用大数据初次验证『家族经营的机制』

"创业者并不一定都杰出"

随着信息技术的发达，处理和分析从前不可想象的庞大数据变得非常容易。对大数据的利用不仅改变了我们看待事物的方式，也创造了新的智慧，给我们的生活带来了各种冲击。

在京都产业大学的沈政郁副教授与帝国数据银行对家族企业进行的共同研究中，帝国数据银行所持有的企业信息就被作为大数据使用。该数据对象是2016年1月时约47万家企业，其中大部分为非上市公司。沈政郁副教授表示，以往对非上市公司的业绩调查都是采用抽样估算的方式，像现在这样统计了如此庞大运营企业数据的调查在全世界都没有先例。通过调查，家族事业新的一面逐渐浮出水面。

首先来看包括非上市公司在内的日本企业的业绩整体情况。这次的调查表明，资产收益率平均为2.1%，销售增长率为1.1%。这一数字比以往我们所知的上市公司数据要低。根据沈政郁副教授之前的研究，上市公司的平均资产收益率从包括高度成长期在内的1962年到2000年为4.6%，2000~2011年为4.1%，几乎是这次大数据的两倍。显然，上市公司的高收益率令人瞩目。再看销售增长率，上市公司依旧突出。

更有趣的是对不同经营者类型的分析。在沈政郁副教授对上市公司的调查中，2000~2011年非家族企业的资产收益率为3.4%，比上市公司平均值低0.7%，而创业者所经营的企业约为5.7%，比平均值高1.6%，这表明创业者的经营业绩十分优秀。以海外上市公司为对象的调查也得出了同样的结果。因此，有观点认为："这不仅限于上市公司，而是创业者独有的特别效果（创业者效果）发挥了作用，推动企业业绩提高。"

但这次以非上市公司占绝大部分的大数据中，非家族企业的资产收益率为2.8%，比平均值高0.7%，而创业者经营的企业资产收益率仅为1.6%，比平均值低0.5个百分点。该数据显示，创业者所独有的创业者效果其实并不存在，优秀的业绩仅限于创业者跨越了各种障碍后生存下来的企业。因此，创业经营者的资产收益率反而更容易出现低迷。此外，家族继承企业的资产收益率与平均值持平，为2.1%。

那么，为什么以上市公司为对象的调查会得到相反的结果呢？首先考虑的是上市公司创业经营者的个人能力较高，能够让自己一手创立的公司在自己这一代上市的人屈指可数，可以说是例外的存在。沈政郁副教授认为："他们具有超群的资质，属于超人型的经营者。"

将创业领导者按男女分类，以行业和销售额为区别来详细调查业绩是否有差异，发现从销售增长率来看，在销售额为1亿到10亿日元的运输、通信业，1亿到10亿日元的服务业中，男性经营者的业绩占优，但女性企业家在建筑业、不动产业的业绩高于男性。从资产收益率来看，女性经营者在不动产业上具有明显优势。负责分析的帝国数据银行的后藤准人表示:"提到不动产业,普遍印象是男性更为突出,但这次的结果表明女性视角的服务可能具有附加价值。"

对18万家企业的调查表明：这样的创业者才能带领企业发展

今后能引领事业发展的创业者是什么类型的呢？我们利用大数据来试着验证一下。帝国数据银行所持有的企业数据中，有针对创业者经营的18万家企业所进行的调查，其中大部分是上市公司，而使用如此大规模的数据所做的创业者调查在世界上也是首次。

首先引起关注的是创业者的年龄和企业规模之间的关系。将29岁之前的创业者统归为"20代及20代之前"，之后每隔10岁进行调查，发现创业者越年轻，销售增长率越高。虽然企业在创业期会遇到特有的困难，但跨越难关提高销售额，恰恰是年轻创业者的原动力之一。

但要在缺乏知识和经验的情况下让事业走上轨道，这本身就是个难题，针对学历和业务经验的调查项目也印证了这一点。大学毕业创业者比高中毕业创业者的销售成长率高。显然，创业需要各种各样的知识，而大学水准的教育能对扩大企业规模提供有力帮助。

有趣的是创业者在创办公司之前在该行业中的业务经验：按"不满3年""3~10年""10年以上"分类来看销售增长率后发现，最具优势的是"不满3年"。可见，从业经验较短的创业者不易被传统思维束缚，敢于做新的挑战，而这与企业规模发展息息相关。但业务经验在显示收益性的资产收益率中得出了相反的结果，业务经验越长的创业者，资产收益率越高。显然在拓展收益性高的事业时，对该事业的直觉是不可或缺的，因此获得过实际成绩的有效经验能发挥更大作用。

调查还对创业者的特性、起点和业绩之间的关系进行了研究。特性包括销售、管理、技术和会计4部分，对创业者本身擅长哪个领域做了调查。对销售增长率、资产收益率有促进作用的是技术与会计，擅长销售与管理的创业者所在企业的成长性和收益性相对较低。仔细研究特性后发现，技术在资产收益率提升时贡献度较高；会计在资产收益率降低时能起到防止收益恶化的作用；提高收益率需要技术能力，而要克服难有收益的困难局面则需要会计能力。总之，四者皆有不同的效果。

针对创业者所拥有的人际网络与业绩之间的关系，以是否本地出身为基准进行了调查。将创业者的本地出身率排名前五（依次为爱知、冲绳、群马、北海道、大阪）和其他都道府县出身率排名前五（依次为长崎、鹿儿岛、佐贺、岛根、奈良）做比较后发现，销售增长率、资产收益率都是本地出身的占优，可见创业时与地区的联系尤为重要。具体来看的话，当资产收益率降低时，本地出身的创业者公司所受影响较小，而当事业发展不顺时，本地的人际网络能帮助其渡过难关。

在事业未来方面，有非家族成员继承人的企业的销售增长率占优，而有家族成员继承人的资产收益率占优。可见企业要扩大时最好选择非家族继承人，要使事业收益稳定时选择家族继承人。在对上市公司的调查中曾发现，当事业停滞时往往会选择摆脱家族化，而事业发展顺利时则往往会维持家族事业，而这次的结果表明非上市公司也有同样的倾向。沈政郁副教授表示："虽然未上市公司还有很多未知的情况，但研究发现，创业者型企业的成长因素和业绩因素与其他企业有所不同。"负责分析的帝国数据银行的后藤俊夫强调："从从业绩经验的不同导致业绩不同这一点可知，一味地对企业进行创业援助不可取，应该考虑提供符合具体情况的措施。"

❖ 如果是第二代的话……

那么，如果是从创业者手中继承事业的第二代的话，又需要什么样的成功条件呢？首先调查的是，从创业者到第二代的企业代表人变更会对公司带来怎样的影响。2016年4月，以获得约4万家企业代表人更替前后的经营数据的公司为对象，计算并比较其事业继承前后两年的销售增长率、资产收益率的平均值。结果显示，家族第二代继承创业者事业后，销售增长率显著提升，但非家族成员继承创业者后，销售增长率则出现降低的倾向，显然家族之间的事业继承具有正面效果。另一方面，从资产收益率来看，家族第二代和非家族继承都呈现增加趋势，不过增加的幅度依然是家族间的事业继承更高。

事实上，有不少人对家族事业继承持否定态度，原因有很多，其中之一就是当缺乏经营者资质的家族成员成为继承人之后，会让企业陷入混乱，导致业绩低下。但大数据显示，家族第二代继承事业后的公司业绩相当不错。对于调查结果,沈政郁副教授分析:"虽然缺乏经营者资质的'笨蛋儿子问题'通过媒体放大,但实际上大多未上市的家族企业都谨慎挑选继承人,而这也体现在了业绩上。"

不过,即使是继承家族事业初始发展顺利的第二代,也不一定能维持好业绩。要让家业在自己这代实现进一步发展,需要怎样的条件呢?以有家族事业继承人的约18万家企业为对象进行调查后发现,在销售增长率方面,继承人符合"年纪较轻""业务经验较短""擅长技术与会计"等条件时,增长率较高;但资产收益率较高则需要"从业经验较丰富""擅长技术和会计"等条件。在提高销售额时,业务经验越短效果越明显,而提高资产收益率则比较依赖业务经营。

比较创始人和第二代的成功条件后发现,在销售增长率和资产收益率方面,两者几乎完全一致。以往的观点是由于事业环境不同,其成功条件也有可能不同,但大数据展示出了他们的共性。为什么会这样呢?沈政郁副教授认为,应该注意2000年之后,企业保持竞争优势的时间开始变短。直至20世纪90年代后期,企业一旦获得竞争优势,一般都能将该优势维持20到30年,并在此期间保持高业绩。但随着信息技术等革新,这种时代已经过去了。2000年之后,企业间的差距逐渐缩小,上市公司即使获得竞争优势也只能持续3年到5年。企业也逐渐将战略重心转移,从如何保持竞争优势转为如何在下一阶段取得新的竞争优势,这也是创业家精神和革新的关键所在。家族企业也同样如此,继承人曾经很容易保持前一代创造的竞争优势，但如今仅做守成经营者是难以发展的。由于家族企业大多是未上市公司，所以竞争优势持续的时间不像上市公司那么短暂，但继承人也必须为下一阶段的竞争优势做好准备。沈政郁副教授指出："调查结果显示，如今已进入了要求继承人也必须和创业者一样具备创业家精神的时代。继承人不仅要保持住前一代的优势，也要为下一阶段做好准备，随时准备革新。"

各种对立的另一面是家族企业偏爱内部成长

本文利用约170万家企业的大数据来考察企业成长模式。我们将企业成长模式大致分为利用公司内部资源的内部成长型和积极利用外部资源的外部成长型。通过调查与外部成长密切相关的企业兼并后发现，在兼并概率（有兼并经验的企业数/企业总数）方面，家族企业中创业者为最高管理人的兼并概率为1.6%，家族成员继承最高管理人的兼并概率为4.2%。而非家族企业中，最高管理人由内部晋升选拔时，兼并概率为10%；由外部招揽人才时，兼并概率为11%。由此可见，在兼并问题上，家族企业比非家族企业更消极，同时家族企业也比非家族企业更重视内部发展。比如，三得利公司在2009年7月与三菱集团的麒麟公司之间的合作谈判，由于对控股比例意见不一，谈判最终于2010年2月中止，贯彻家族经营的三得利公司与麒麟公司之间的合作化为泡影。出光兴产公司与昭和壳牌石油公司原本于2015年7月已经达成经营合作意向。2016年6月，出光兴产公司创业者在股东大会上对经营合作提出了反对意见，由于与经营层出现对立，最终于10月宣布经营合作延期。当然，各企业无法实现合作的理由不尽相同，但根据大数据分析表明，其另一面似乎反映了家族企业重视公司内部成长的行为动机。沈政郁副教授认为："由于家族企业的经营动力是维持支配权，所以比起外部发展，更倾向于选择内部发展。"

据先行研究表明，利用外部资源的企业，其外部发展与受企业内部限制的内部发展相比，前者的发展速度要快得多。家族企业偏向于内部发展，也就意味着与非家族企业相比，不够重视发展速度。虽然不同的课题和条件下，外部发展和内部发展对于企业发展而言究竟哪一个更有效不能一概而论，但在全球竞争加速的大环境下，过于固守内部发展很可能对家族企业造成负面影响。三得利公司在经营合作谈判破裂后，开始在海外积极实行收购战略，在维持家族事业的同时也积极地转向外部发展。沈政郁副教授强调："我们已经知道，以往上市家族企业更偏向于内部发展，但这次大数据表明这是包括非上市家族企业在内的共同倾向。"帝国数据银行的后藤俊夫表示："通过利用累计的大数据，将有可能在经营学上进行前所未有的分析。"

家族企业所选择的交易对象仍是家族企业

帝国数据银行对企业间关系网的大数据分析显示，家族企业的交易对象和交易时间十分有趣，尤其是对交易对象的选择更是家族企业所独有的特征。

企业的交易对象并不是固定化的，当然会随着经营环境的变化等每年都有所改变。在将企业分为家族和非家族企业时，构成交易"出售方→购买方"中包括"家族→家族""家族→非家族""非家族→家族""非家族→非家族"这4个模式。针对各种模式的状况，对企业间的交易数量进行调查分析后发现，家族企业选择"家族→家族"的概率与其他模式相比要高得多。换言之，家族企业与家族企业之间的联系非常紧密。该调查范围覆盖近23年来的情况，每年的情况多少有些差异，但家族企业之间密切交易的状况基本没有改变。家族企业通过日常的商业活动互相接触，构筑紧密的关系。

以往的经营学认为，在事业经历中培养的人际关系网对家族企业而言是非常重要的经营资源，这次的调查也部分证明了这一点。前中央大学教授兼家族商业学会会长秋泽光对家族企业间的紧密联系进行分析后认为："比如地方的家族企业会在彼此监督下构筑信赖关系，共同克服难题。但也由于重视家族企业间的联系，导致难以挑选新的交易对象。"

家族企业间的联系从交易的持续年数也可见一斑。据调查，企业间的平均交易持续年数为5.5年，但这次调查中显示"家族→家族"的交易持续年数高于5.8年。从行业来看，家族企业间持续交易年数较长的为农业、渔业、建筑业、矿业等，均是以重视地区人际网络的行业为中心。

Chapter 08

第八章

以理论来解决家族企业带来的问题

家族企业为什么会出现"泥沼般的对立"?

只要家族成员同心协力,家族经营就能发挥巨大的力量,但一旦产生对立并激化,则很容易导致企业陷入困境。这是为什么呢?如果避免"骨肉之争""泥沼般的对立""家族骚乱"呢?日本少数研究经营中的"对立"的研究者之一,武藏大学的宍户拓人副教授等人对对立发生的背景和解决手段进行了考察。

1990年之后,欧美学者开始利用心理学研究经营学,并提出了学术性解明对立的"对立研究"。而宍户拓人副教授不仅考察对立本身,更注重分析什么是"应该出现的好的对立"、什么是"应该避免的坏的对立"。在对立研究领域,对其有各种分类方法,这里主要分为任务对立和关系对立。

任务对立,指的是围绕业务的对立。工作中各种意见的碰撞是革新的源泉,因此在对立研究中,任务对立有可能带来好的结果。

关系对立,指的是围绕人际关系的对立。以往的研究表明,认为"那个人很讨厌"的负面情绪会给职场的气氛和对工作的热情带来负面影响。一旦产生关系对立,就会让任务对立带来的成果难以提高,所以应当控制关系对立。欧美学者比较关注对立的正面效果,正在研究如何对它进行有效利用。而日本在过去很长一段时间内都有逃避对立及其影响的倾向。不过据《人才教育》（日本工作效率协会管理中心出版）月刊的岛元洋二总编表示："最近针对一些难解的问题寻找最优答案时，不少人发现管理冲突对立能有效解决问题。从重新审视工作的多样性和企业文化等方面来看，其意义重大。"

应对对立的基本方法是引导任务对立，避免和控制关系对立。不过，以往的研究方法表明，这还远远不够。在实际的人际关系中，任务对立可能诱发关系对立，或者两者混杂。比如，最初只是基于公平立场的讨论造成业务上的对立，但在不知不觉之间演变为"只有赢过那个人才能让他心服口服""听那家伙的话一定会输"这样的"胜负心"，而这就是由任务对立引发了关系对立。实际研究已经证明，这种情况会让任务对立带来的革新影响很难起作用。

如果是上司与部下的关系对立，情况就更为复杂了。据先行研究表明，上司与部下之间基本属于任务对立与关系对立混杂的对立方式。比如，当上司受到部下的责难时，往往觉得自己在面子上过不去，两者很难在工作上进行完全纯粹的交流。因此，如何让任务对立不引发关系对立，已成为研究的课题。

将对立研究放到家族事业中来看的话——家族经营最大的特点是家族与公司相重合。比如，当儿子继承父亲事业时，父子这种极为私人的关系就转为工作上的关系。在对立研究中考虑家族对立时这一点是关键所在。普通的上司与部下虽然有职位上下之分，但无直接的私人关系。即使如此，他们之间也很难有纯粹的任务对立。而家族经营中不仅有业务关系，还有很深的私人关系，从而导致讨论业务的背后还纠缠着家族关系，因此很难单纯地去考虑任务对立。宍户拓人副教授认为："与非家族企业相比，家族企业的任务对立更容易诱发关系对立，或者使两者混同。"一旦家族成员间出现冲突，就可能激化对立，有时甚至会引起骨肉之争或家族骚乱。前一代的父亲与作为继承人的儿子之间出现对立后导致儿子离开公司或者经营停滞的例子不胜枚举，这恰恰是家族与公司、任务对立与关系对立互相影响、彼此纠缠的结果。

那么，要如何利用对立研究的成功来避免家族成员之间出现对立呢？宍户拓人副教授表示："虽然不让对立的两者之间产生接触点就能避免关系对立，但这在家族企业间是不可能的。"不过，他依然在此基础上列出了3个要点。其一，前一代与继承人之间也要谨言慎语。在对立研究中发现，出现业务上的冲突往往是因为使用了"你是笨蛋吗？"之类粗暴的语言或者"你什么都不懂"这样完全否定的说法。事实证明，这比"希望你试着多方面考虑"这类比较和缓的表现更容易造成人际关系上的对立。而家族经营中，由于家族成员之间顾虑更少，往往更容易出现言语过激。"毛头小鬼""老古板"等说法相当常见，看似小事，实际在反复的积累中就会导致从任务对立发展为关系对立。慎重使用语言是无需成本、只要学会就能立竿见影的，所以应多加留心。其二，注意彼此之间是否存在信赖关系。信任感一旦被动摇，当前一代指出业务上的问题时，被批评的继承人就会认为"他一定是讨厌我才会这么说的"，这样就会导致误解及误解的恶性循环。即使是彼此间具有信任关系的亲生父子，也可能会因为极小的误会导致信任破裂，这一点尤其需要注意。其三，注重企业文化。在对立研究中，将即使发表错误意见也不会受到攻击的氛围称为"心理性安全"（psychological safety）。宍户拓人副教授与日本工作效率协会管理中心的合作调查显示，在职场中具有心理性安全时，任务对立比较难转变为关系对立。获得心理性安全需要一定时间，但一旦形成就能发挥对立的有利一面。如果企业想要打破经营方面的停滞状况，就必须花时间去解决问题。

对立研究也能应用于家族对立以外的各种情况。岛元洋二总编指出了家族经营中尤为突出的领袖型经营者所独有的问题，他强调："对于领袖型经营者，员工往往具有避免与其产生对立的心理，因此更需要区分对立的情况，鼓励有益的对立。"

老字号研究的最前线：关注现在而非过去

　　当我们改变看待事物的眼光时，有时会发现自己忽略的东西，比如，从新的角度去看待老字号企业就可能推动其新的发展。关键词是"活在当下的老字号"。本文并不是要学习它长期存续的秘诀，而是从民俗学的观点对其进行调查、分析，以及研究其事业战略变迁的轨迹等，从多样化的视角去看待老字号企业。

　　日本的老字号研究始于1970年，比2000年之后开始兴起研究家族经营的风潮要早得多。回顾过去的新闻报道等就会发现，日本对家族经营的负面报道屡见不鲜，但从世界范围来看，日本的老字号长寿企业非常多，尤其是20世纪90年代以后，从持续性和长期性的视角来看，其值得学习的行为特征十分引人注目。

　　茨城大学的塚原伸治副教授走遍日本，从民俗学的观点调查和研究老字号当前的状况。据他描述，企业历史较长的公司经营者如果想要发挥自身历史和传统的优势，就会向外呼吁利用它——一旦得到周围认可，就会被视作老字号企业。呼吁自身历史和传统的企业形形色色，但除了企业历史无人知晓或无甚突出之处外，还有不够"古老"的实际情况，等等。这就是经营者有意识地"创造事业历史"了。这是什么意思呢？比如据福冈县的调查表明，某餐饮店明明创业年份和创始人都不明，但经营者自称是家族第九代。这是因为该经营者根据"如果一代为30年的话,创业至今已过了约270年"计算推测得出的结论,并且他又加入了"微调",打着创业300年的名号。但是,对比别的经营者所宣称的创业年份与创始人的出生年月日后,该店经营者发现按自己宣称的创始时代,则该店创始人在婴儿时就开始创业了。这显然自相矛盾。于是,为了不留漏洞,该经营者就将创业年份修改为更早的年份。

塚原伸治副教授指出:"比起'虽然不知道具体的创业时间,但反正很古老'的说法,'创业××年'的口号显然更具说服力。因此,经营者会将其历史改为'听起来更真实'的说法。"

当然,并不是所有历史悠久的企业或店铺都会"修饰"自己。据塚原伸治副教授调查,修饰并不是将企业历史从零开始编故事,而是参考口头流传的推测时间,制作出具体的年月日。由于口头流传本身并不确定,所以在调查的案例中,经营者也并没有隐藏自己修饰过企业历史的意图。因此,塚原伸治副教授认为修饰是"经营者积极利用能利用的东西的战略"。

不过老字号的经营者在面对历史和传统时也并不是完全自由的。塚原伸治副教授表示,历史与传统也有"柔软的拘束性"。简单来说,就是具有老字号意识的经营者会有"既然是老字号,就必须××"的思维。比如,当地开办祭典时,即使公司经营并不顺遂,不少企业也会认为"既然是老字号,就必须捐赠能让周围的人满意的金额"。对寺庙和神社的供奉也有同样的倾向。

将悠久的企业历史用于战略中固然不错,但作为老字号也必须让自己承担应有的义务。这是塚原伸治副教授从研究中得出的结论。一旦无法维持这两面性，老字号也就丧失了原有的地位。

❖ 同行业的战略也大有不同

小樽商科大学的加藤敬太副教授的着眼点不是老字号"不变的部分"，而是"变化的部分"。以往没有从这个视角入手的老字号研究，但加藤敬太教授针对社会形势变化带来的持股人变更，以及经营战略的更新等，从经营战略的角度去揭示变化的机制。他指出："大部分人已经能够理解老字号大多能长期存续，但对于存续的流程和机制仍有很多未解之谜。这也许是因为未曾从环境变化和竞争关系等视角出发。"

比如，爱知县冈崎市有两家在制造八丁味增方面有悠久历史的企业，它们都是日本最老资格的味增制造企业之一，但其企业发展路线迥然不同。丸屋（Maruya）公司八丁味增由创业者创制，后转手给其他家族经营，20世纪90年代后期又在新的经营者手下继续发展。该企业一直以当地为事业中心，不对外扩大，但最近得到了不少外地和海外食客的支持。而另一家以"Kakukyu"商标闻名的合资公司的八丁味增则是贯彻了以创业者为中心的经营路线，根据时代改变自身事业战略，从20世纪50~60年代起开始扩展产品规模，进驻东京、大阪等地，实现在全日本销售网络化；最近则整理了经营资料，开设资料馆，积极推广老字号历史。

即使是同地区同业种，老字号的战略也如此不同。虽然两家企业具有长期竞争关系,但为了提高特产商品的品牌知名度,两家在2006年通过团队合作等方式形成了协作关系。加藤敬太副教授认为:"老字号并不是单纯只有企业历史,能传承至今的老字号为了维持事业,都会根据时代进行探索性的经营活动。"

家族事业学会——为什么会出现家族企业控制问题？

在家族企业已经成为世界性研究课题的背景之下，日本的研究体制也在日益完善。家族事业学会已拥有包括家族企业研究者和实业家在内的共计约1000名会员，它于2008年设立，现任会长是日本中央大学前教授秋泽光，他也曾任家族事业研究所副所长。2016年9月，神户市甲南大学开办了以"家族事业的控制"为主题的研究报告大会，针对最近的主题进行报告，回答质疑和问题。

现大会委员长、神户大学名誉教授兼甲南大学特别客座教授加护野忠男提出："我们往往会认为公司控制是上市公司特有的问题，但实际上家族事业中也经常出现这类问题。因此，首先要找出问题的本质是什么。"随后，他列出了6点：（1）谁应该做最高管理者；（2）如何组建经营团队；（3）如何培养经营人才；（4）要让经营团队全身心投入经营中，应当给予怎样的激励；（5）应该给予创业理念多大程度的尊重；（6）能容忍股票多大程度的分散，又该如何控制。他举出了三得利公司的例子。三得利公司在2014年从外部引进了非家族成员的新浪刚史担任总经理。他分析道："三得利的管理者以往都是由家族成员继承。基于不从公司内正式员工中选出总经理的前提，也为了构筑彼此尊重的关系，所以从维持顶层管理团队稳定的角度出发，最后决定从外部选择总经理。这也是出于极其慎重的考虑。"

接下来的报告中，庆应大学名誉教授兼静冈县立大学特聘教授奥村昭博提出了"通过社会资本实现家族事业控制"的主题。他针对出光兴业公司的创业者与经营者之间的对立，分析让其他人替代某个职务时所需的成本；以"代理理论"为基础，指出"创业者与经营者的意图不同，可能会引发道德危机"。他解释道，道德危机的背景则是家族企业在企业控制的同时还存在家族控制，与非家族企业不同，控制存在双重结构。

奥村昭博教授还强调："安倍经济学在发展战略中加入了企业控制，这能推进欧美系的股东实现价值最大化，但与家族事业的控制并不一致。"他以海外的先行研究为基础，不仅对家族企业的财务资产，还对包括评价、名声、信任度、承诺等"社会信息资产"的继承进行分析。另外，他对日本家族企业提出了自己的见解："不能在与自己相关的比较小的关系网中丢脸的意识，也许是让经营者自律的根本所在。"

7成继承人都体会过"修罗场",继任者举步维艰

家族企业的继承人经常被周围的人认为"什么都不用做也能当总经理,实在是太轻松了"。但实际上,事业继承并不简单,大多数继承人需要克服各种险阻才能顺利继承,其中也不乏难以面对经营难题而离开公司的人。不少继承人都曾表示:"早知这么辛苦,一开始就不该接任。""既然是父亲的公司,我为什么非得这么辛苦地继承呢?"

这是个有趣的主题。家族事业研究者八木阳一以实现了事业继承的继承人为对象进行了调查,询问他们是否在事业继承过程中遭遇过称得上是"修罗场"的困难状况。结果回答"经常遇到"和"遇到过"的合计占74.4%,每4人中就有3人表示有过直面困境的体验。至于具体的"修罗场"状况,7成继承人回答"(事态的)发展超出事前想象",6成人表示在面对"修罗场"时,"自己过去的经验派不上用场"。显然,在遇到不知该如何应付的情况时,继承人大多难以招架。另外,调查还显示有5成的继承人回答"与前一代的经营方针有冲突"。能发挥"家族特有"的凝聚力就能让家族成为企业发展的原动力,但一旦家族关系出现裂痕,产生情感上的对立,就很容易催生继承人的"修罗场"。

在八木阳一的事例研究中，某公司由女婿作为岳父的继承人，但岳父将股份转让给女儿而不是女婿。这让女婿对其产生不信任感，认为"我作为家族一员如此努力却仍被看轻"。不久后，他又出现了绯闻，得知此事的妻子怒不可遏地表示"不许再踏入家中，立刻辞职"。夫妇二人因不和而引发了公司内部混乱。而另一个事例中，同时进入父亲公司任职的兄弟原本发誓"无论什么情况下，都要以提高公司利益为优先"，为了不产生纠纷而事先分配好各自负责的领域。但当业绩暂时陷入低迷时，兄弟对其原因出现意见分歧，沟通不畅导致公司内接连充斥着两人的怒吼声。由于难以进行冷静的讨论，也导致经营改革迟缓。

然而，"修罗场"也并不只给予继承人痛苦，或者说更应该关注它所承担的职责。

据八木阳一的调查显示，有过"修罗场"体验后，回答"加深了自我理解""加深了对他人的理解"的人分别占8成和7成。体验过"修罗场"之后，对于"自身是否有变化"的问题，有7成的继承人表示有变化。换句话说，摆脱"修罗场"的过程中，反复跌倒和爬起对继承人而言并不是毫无意义的。这能让他们从多个角度去思考，重新审视自己，从而成为锻炼他们成长为领导者的机会。因此，继承人如何面对"修罗场"，对于家族企业而言是非常关键的要点。

京都制造的事业继承——"母亲"与"妻子"是背后的核心人物

京都的制造企业从各个方面支撑着日本文化,而在其事业继承中,继承人的母亲和妻子扮演了极其重要的角色。同志社大学的中田喜文教授针对以传统产业为中心的京都制造业进行了问卷调查,并于2016年3月在事业继承学会中予以发表。

调查对象包括:(1)"京都老字号协会"的京都府受表彰企业中的制造业;(2)京都商工会议所的中小制造业。共计910家企业给予了有效回答。从调查企业的类别来看,金箔、装饰品等工艺相关,以及土产型日式糕点和腌菜等扎根于传统文化的公司尤为突出。其中规模不足10人的近5成,家族经营的"家族事业"约8成。受调查企业中,95%的公司由男性担任最高管理人。表面看来,京都的传统产业经营属于"男性社会",但该调查显示家族与公司还有更深层次的联系。

问卷中关于"对继承人的支持"问题,问及"除前代总经理之外的核心人物"时,49%的人回答"前代的配偶",25%的人回答"配偶",总计4家企业中有3家就给出了这样的答案。由于前一代经营者几乎都是男性,所以实际上的答案应该是"在母亲支持下帮助我经营企业""妻子协助我获得了成功"。相比之下,回答"兄弟姐妹""其他亲人"的仅占12%。可见，虽然母亲和妻子并没有直接参与经营，但在家族女性中处在最接近继承人的位置，因此对家族企业的事业继承也做出了贡献。中田喜文教授认为："在传统的制造业世界中，母亲和妻子是在背后帮助事业继承的核心人物。"

对继承人的培养和实现顺利的事业继承，这两者之间有密不可分的关系。调查中有246家企业回答"实现顺利继承"，其中表示前一代的支持是"积极的""比较积极的"占8成。回答"继承不顺利"的企业共467家，其中表示前一代的支持是"积极的""比较积极的"只占35%。问及前一代具体给予了什么样的支持时，35%的人回答"让我在公司内共同工作"，34%的人回答"给予我部分权限"。不过，除了这两种以外，其他的支持内容分歧较大。对此，中田喜文教授分析认为："前一代很可能是针对继承人的个性与成长状况以及企业情况来决定支持的内容。"

在家族企业的事业继承过程中，大多会遇到如何处理老资格管理干部的问题。因此，这次针对继承人与前一代老资格管理干部之间的关系进行了调查。其结果显示，7成继承人在继承事业时，经营层都未做更换，老资格管理干部依旧保留其职务。前一代彻底更换经营层以支持新继承人就任的例子仅占5%。而老资格管理干部各自立场不同，对事业继承的看法也不同。据调查，在顺利的事业继承中，老资格管理干部回答"继承人没有对我做任何事"的企业仅占3成。而老资格管理干部虽然与继承人有年龄差距，但大多都能为事业继承出一份力。中田喜文教授认为："从中能窥见，几代以来都能为社会提供兼具社会性和经济性价值的产品的企业培养继承人的经验技巧。"

MBA的龙头——凯洛格商学院致力于家族事业的理由

世界有名的MBA课程教授家族事业管理的例子越来越多,美国西北大学凯洛格商学院的贾斯汀·克雷格教授在采访中具体描述了日本尚不了解的顶级商学课程中关于家族事业的研究及教育内容。

——不少人认为MBA的精致理论与已经感情化、具有人情味的家族事业之间有反差。

贾斯汀·克雷格教授:

10年之前确实如此。当时人们普遍认为家族事业只是小型事业,且有家族纠葛问题,但现在已经完全不同了。各项研究结果表明,世界著名企业中不少属于家族事业,在经营学的世界中,家族事业也被视作值得关注的主题之一。所以,希望各位明白过去的误解已经不复存在了。

凯洛格商学院的研究和教学也是为推进家族事业各种课题的框架完善。由于经营者的年龄和时代造成的职责不同,所有人、家族成员、经营者的立场不同,以及家族间的纠葛等都会形成不同的框架,所以随着研究的深入,内容也更为精致化。

——凯洛格商学院的家族事业研究进程是怎样的？

贾斯汀·克雷格教授：

我担任所长的凯洛格商学院家族企业规划中心近20年都在调查和研究家族面对的各种问题，其目的是让发展事业的家族能更为完善地管理事业与家族。可以说在这个领域，凯洛格商学院是先驱性的机构，因为我们更早地发现了家族事业在社会性和经济性上的意义。同时，凯洛格商学院的学生和毕业生中有不少是家族出身，他们各自的职业生涯自然而然地与凯洛格商学院产生了联系，从而推动了该研究的发展。我则在2015年加入该中心。

中心的名称是"家族企业规划"而非"家族事业"也是有原因的。通常，"事业"指的是经济活动，而"企业规划"更倾向于指综合性的组织活动。实际上，家族所经营的事业会随着时代更替成长，同时家族成员也会增加。于是，需要形成资产投资组合，或者设置能征集家族成员意见做决策的场所。因此，它不仅是事业，更倾向于企业规划。研究成果已用于商学院MBA课程的讲义和面向经营干部的项目中。

——MBA能从家族事业中学到什么？怎么去学习呢？

贾斯汀·克雷格教授：

先不论MBA课程的学生是否要学习家族事业相关知识，所有首席执行官（CEO）、首席财务官（CFO）、首席信息官（CIO）等主管首先要掌握"C"的技能和思维，但这作为家族企业的领导者是远远不够的，他还必须掌握家族事业所特有的"F"技能及思维。简单来说，"C"是MBA必备的普通内容，也就是经济学；而

"F"则加入了社会性层面，具体来说，就是对公司交流的认识和对经营的长期展望。家族事业的领导者在实现收益这个经济性目的的同时，还要达成事业存续的目的。因此，要经营家族事业更为复杂，但也能从中得到更多回报。

❖ 创业者与革新环节

凯洛格商学院的MBA课程中关于家族事业的讲义包括创业者、革新的部分。希望能提供必要的知识库，这样将来成为家族事业的领导者在毕业时就能坦然地表示"这个我知道""那个我也明白"。因为前一代的顺利发展并不能保证下一代也同样顺利，所以必须让下一代具有创业者心理的领导力。

比较受欢迎的讲义有"创业者金融"等。家族事业有的也具有风险资本功能，会进行商业投资。因此，该讲义从创业者的心理视角出发，提出应该如何思考财务问题，通过个案研究创造学习家族事业特有课题的机会，最终在毕业时能掌握家族事业的思维框架。这虽然不是能立即投入使用的知识，但能帮助个人未来成为一个成功的领导者，因为事业越大挑战越多，家族之间的课题也会随之增加。

——什么样的人应该学习家族事业理论？

贾斯汀·克雷格教授：

并不是所有人都是家族出身，想学习相关知识的人还包括打算成为家族事业咨询顾问的人和非家族出身但对该领域有兴趣的人。这部分人在家族讲义课程中占10%左右，并且学生来自世界各地，当然也包括日本学生。凯洛格商学院还有家族事业俱乐部等相关活动团体，如果加上这部分人就达15%左右了。除了MBA之外，迈阿密校区还有面向经营管理干部的项目，该项目汇集了来自全世界合作大学的约40名学生，项目名称是"既让事业成功，也让事业存续"。

——您为什么会成为这个领域的研究者呢？

贾斯汀·克雷格教授：

我出生于澳大利亚布里斯班的某个经营酒店的家庭，从10岁起开始帮家里做事。高中毕业后我没有继续升学，而是和哥哥一起支撑家业，为此直到30岁才有机会上大学。通过实际工作经验，我知道怎么做才能让家业发展顺利，但并不懂为什么要这么做，所以想学习相关知识。在大学我学了商业与心理学，获得了行为科学的博士学位。在这样的过程中，我最终一步步到达了最适合自己的家族事业领域。该领域的研究给人的感觉是跨学科的。在凯洛格商学院期间，我也是在与各领域的研究者合作的基础上逐步摸索，调查家族事业在社会性、经济性上能给予怎样的冲击，从家族系统的关系论出发，从心理学的视角和信用培养的视角来进行研究。

日本与德国，对家族企业的理解截然不同

与对家族企业有"负面印象"的日本不同，德国更倾向于从正面角度去看待家族企业。为什么两个经济大国会有如此差异呢？《德国家族大企业》的作者、横滨国立大学的吉森贤名誉教授对此进行了考察。

日本的家族企业受到关注，经常是因为出现了家族冲突、公私不分或公司私有化等由家族原因造成的问题或纠纷。因此，提到家族经营，总给人负面的印象。企业也对此非常敏感，不会对外部泄露家族信息，即使总经理与主要股东都是家族出身，往往也会对外宣称"我们不是家族企业"。

战后和日本一样成长为经济大国的德国却处于截然不同的状况，家族企业的社会性威信远高于日本，家族经营给人的印象也大多是正面的。毕典家族企业研究将企业分为"家族大企业""中型家族企业""小规模家族企业""非家族大企业""非家族上市公司"并进行了调查。调查预先给企业设定了各种属性，以回答的形式来区分其属于哪一种。其结果显示，家族企业给人的印象好于非家族企业。原因是"对保持员工良好的劳动条件与雇佣关系具有责任感""员工互相之间具有协作性、责任感、稳定感""权限转移，给予员工行动自由度"等对劳动环境的好感占多数。此

外,"与顾客和交易企业能保持长期关系""企业的持续性和信赖度"等长期性大跨度发展事业的态度也获得了不错的评价。另一方面,对非家族企业的负面评价则不少。"只把人当作单纯的生产手段""企业内部人际关系是把别人视作竞争对手,进行妨碍或排除"等对劳动环境的负面印象较多。此外,"权威主义的阶层构造""短期性的利益追求"等对组织体制的负面看法也不少。

德国有很多发展全球化事业的家族企业,除此之外还有部分规模虽小却极具竞争力的家族企业。这样的企业也印证了调查结果,其官网上大多都以公司指南等方式表明了自己家族企业的身份。他们以家族企业为骄傲,记录下了家族发展的历程,这与不愿意表露家族本质的日本企业截然不同。

那么,为什么日本与德国会有如此差别呢?吉森贤名誉教授指出,家族企业在收益性较高的基础上、在正向背景下实现的社会性职责较大。德国在国家真正采取措施之前,家族企业员工就能获得劳保福利。除了最早导入疾病、伤害保险与退休金之外,还面向从业人员提供公司宿舍和医院;8小时工作制和带薪休假等改善劳动条件的措施也被家族企业早早引进。德国并不是由政府自上而下地给予福利,而是家族企业自下而上地提供员工待遇机制,政府只需要追随即可。而这种做法在德国已经得到了广泛认可。因此,多数人认为在家族企业工作会更轻松,而这也提高了其正面印象。吉森贤名誉教授认为:"德国既有美国式的股东资本主义,同时也存在家族资本主义。家族出身的经营者和从业人员一起以自由和独立自由为旗号,创建了企业共同体。经营者自己承担风险发展事业,得到利益后分配给从业人员。日本的家族企业也应当像德国一样以劳资共同体为战略目标。"

德国认可适合家族企业的各种所有形态，比如，如果是上市公司，有的家族企业机制是具有决策权的普通股由家族所有，只上市无决策权的优先股。此外，还有其他家族企业采用股份合资公司的企业形态，只有家族出身者作为合资公司的无限责任出资者，具有执行经营业务的权限。德国的家族企业也会出现家族内部冲突，这一点与日本是一样的，也会给人带来负面印象；但由于以往积累的正面印象太深，并不能对整体造成致命伤，加上对家族企业问题的研究一直在推进，克服特有问题的机制也十分完善。

日、德差异的另一个原因是，日本家族企业的信息不够透明。虽然不及德国，但日本各地的家族企业中也有不少重视员工福利的公司，也有比国家更先一步对地区和社会做出贡献的公司。然而，由于不宣之于表面，大多数人都不了解家族企业的活动和特质。吉森贤名誉教授强调："日本家族企业多是因为纠纷而受关注，这自然会导致人们对其产生负面印象。我认为，日本家族企业应当更自信和自豪地去宣传本公司特质和各种福利。"